# 教师礼仪

（第二版）

主　编　安瑞霞
副主编　李晖旭　李　颖

南京大学出版社

## 图书在版编目(CIP)数据

教师礼仪 / 安瑞霞主编. —2版. — 南京：南京大学出版社，2025.1
ISBN 978-7-305-27643-9

Ⅰ.①教… Ⅱ.①安… Ⅲ.①教师－礼仪－高等学校－教材 Ⅳ.①G451.6

中国国家版本馆 CIP 数据核字(2024)第 024884 号

| | |
|---|---|
| 出版发行 | 南京大学出版社 |
| 社　　址 | 南京市汉口路22号　　邮　编　210093 |
| **书　　名** | **教师礼仪** |
| | JIAOSHI LIYI |
| 主　　编 | 安瑞霞 |
| 责任编辑 | 钱梦菊　　编辑热线　025-83592146 |
| 照　　排 | 南京南琳图文制作有限公司 |
| 印　　刷 | 南京京新印刷有限公司 |
| 开　　本 | 787 mm×1092 mm　1/16开　印张 11.25　字数 220 千 |
| 版　　次 | 2025年1月第2版　2025年1月第1次印刷 |
| ISBN | 978-7-305-27643-9 |
| 定　　价 | 32.00元 |

网址：http://www.njupco.com
官方微博：http://weibo.com/njupco
微信服务号：NJUyuexue
销售咨询热线：(025) 83594756

* 版权所有，侵权必究
* 凡购买南大版图书，如有印装质量问题，请与所购图书销售部门联系调换

# 前　言

教育本质是什么？德国著名哲学家雅斯贝尔斯曾说："教育是一棵树摇动另一棵树，一朵云推动另一朵云，一个灵魂唤醒另一个灵魂。"教育是关乎人的精神境界，关乎灵魂的事业。一个国家，一个民族，最重要的是要有国民精神内核，而教育是实现这种精神传承的最重要的途径，教师这一特殊群体就是人类文明传承的最主要的力量。教师所具备的文化素养，必会影响到人类文明的传承和发展。

作为四大文明古国之一，我国有着五千多年繁荣的文明史。在文明发展史中，礼仪文化作为中国传统文化的重要组成部分，影响深远，因而中国一直被称为礼仪之邦。那么何为礼？礼从何来？

礼的产生和发展缘起久远，最早可追溯到远古时期的祭祀活动。之后，祭祀之礼被用于宗族和人们的日常生活交往中，并逐渐被形式化和固定化，甚至制度化，尤其以古代的官制礼仪制度为主体。随着时代发展变革，礼仪制度渐趋全面和完善，若干成型的礼仪规范由古代的统治阶层逐渐流传至民间。在广阔的民间生活中，礼仪深深地扎根于生活的土壤，逐渐成了所有人生活中必然遵循的规范，成为人们维护有序生活不可缺少的一部分。

古人言"礼者，人道之极也"，"不学礼，无以立"。教育传承人类文化，教师必然要为人师表，方可传承文明。从孔夫子开始，注重礼仪是中国人的必修课。礼是一种特有的富有生命气息的文化，是人类发展过程中人与人交往必须遵循的规范和原则。作为文明传递者的教师，理当识礼仪，懂礼仪，用礼仪。这才能为人师表，起到榜样示范作用。因为教师除了专业知识素养以外，其言行举止、衣着风貌、待人接物等也深深影响着学生的发展。教师是学生效仿的对象，是学生的榜样。

自古以来，尊师重道谓为传统。但是当今社会，教师这种身份似乎受到了挑战，被挑战的是教师的尊严。教师的尊严来自哪里？除了历史、经济和某些社会因素，教师的尊严更主要的还来自自我认识的觉醒。

一份崇高的职业，必然会带来强大的荣誉感和尊严感。构成这些感受的核心思想，就是教师的自尊感。学高为师，身正为范，前者不必赘述，后者需要言明。身正不仅仅是内在的品德操行，更是外在直观的言谈举止和待人接物的方式。教师的外在形象风貌是对内在素养的凸显和提升。教师的尊严感是教师个人修养的灵魂统帅。当一位教师有强烈尊严感的时候,他才会关注自身内外修养的结合,关乎自身外在影响力的发挥,才会在内外兼修的情况下做到身正为范,才会用鲜活亮丽的灵魂去影响到另一个灵魂。

可现实往往是我们大部分教师只关注专业素养的提升,却缺乏对外在形象举止礼仪的关注和重视。当一个教师已经拥有了非凡的学识素养,拥有了卓越的智慧时,为何不能通过外在的美好来凸显内在的丰盈呢?不管一个人内在多么丰富,倘若外在的表现是着装不雅、举止不当、谈吐无礼,还会有谁去了解真正优秀的你呢?从古到今,以貌取人,通过衣着举止判断他人,不是某些人的专利,而是所有人的本能。因为"食色,性也","色"就是所有美好的事物。任何人都喜欢美好的事物,包括美好的容颜、雅致的服饰、得体的举止、和煦的谈吐,而这些都属于礼仪的范畴。

教师传递人类文化,是具有深远影响的特殊群体,是深深影响灵魂的主力,如果教师能深刻地意识到这一点,教师的自尊感、自豪感便会油然而生。由于教育有示范性特点,教师独特的礼仪魅力也会成为其重要影响因素。优秀的教师善于把礼仪规范运用到教育实践中,增强示范性和影响力,这样的教师,才是有魅力的教师。

教师礼仪就是保证教师的内外兼修,运用外在的美好凸显内在丰盈的一种规范,一种引导,一种提升教师自尊和自豪感的法宝。教师的外在美好有教育性,最直接的意义就是使得学生"亲其师而信其道"。教育无处不在,教师礼仪就是教育性的外显形式。

目前关于教师礼仪的专业书籍并不多。本书的编写旨在为广大教师朋友们提供一个理论和实践的参考模板。本书由江苏师范大学安瑞霞担任主编,湖南第一师范学院李晖旭、李颖担任副主编。本书的内容和观点来自真实的教育生活实践,并在实践的基础上有所提炼和升华。其中也有部分内容引用借鉴了其他专家学者的论著和学术研究,在此表示衷心的感谢。文章所使用的图片多来源于身边的同事和学生们的友情呈现,感谢同事张晓寒、刘晓莉、杜连森等同事的示范图片;感谢学生们的场景图片。感谢读者对本书的包容,敬请大家提供宝贵的意见和建议。成书仍有不足,期待实践检验。

编 者

# 目　录

## 第一章　教师礼仪概述 ············································· 1
### 第一节　礼仪概说 ··············································· 3
### 第二节　教师礼仪概说 ·········································· 8

## 第二章　教师的形象礼仪 ········································· 15
### 第一节　教师的清洁 ············································ 17
### 第二节　教师的妆容 ············································ 22

## 第三章　教师的服饰礼仪 ········································· 29
### 第一节　服饰着装原则 ·········································· 31
### 第二节　女教师的服饰礼仪 ······································ 35
### 第三节　男教师的服饰礼仪 ······································ 40
### 第四节　服饰搭配的色彩原理和技巧 ······························ 49

## 第四章　教师的举止礼仪 ········································· 57
### 第一节　挺拔的站姿 ············································ 59
### 第二节　优雅的走姿 ············································ 63
### 第三节　端庄的坐姿 ············································ 65
### 第四节　含蓄的蹲姿 ············································ 69
### 第五节　得体的手势 ············································ 70

## 第五章 教师的表情礼仪 ……………………………………………… 75
### 第一节 教师的目光礼仪 …………………………………………… 77
### 第二节 教师的微笑礼仪 …………………………………………… 87

## 第六章 教师的言谈礼仪 ……………………………………………… 95
### 第一节 教师言谈礼仪概述 ………………………………………… 97
### 第二节 言谈礼仪的具体运用 ……………………………………… 113

## 第七章 教师课堂礼仪 ………………………………………………… 119
### 第一节 教师课前礼仪 ……………………………………………… 121
### 第二节 教师课中教学礼仪 ………………………………………… 123

## 第八章 教师通信礼仪 ………………………………………………… 131
### 第一节 电话礼仪 …………………………………………………… 133
### 第二节 手机礼仪 …………………………………………………… 138
### 第三节 电子邮件礼仪 ……………………………………………… 144

## 第九章 教师校园场景礼仪 …………………………………………… 147
### 第一节 办公室礼仪 ………………………………………………… 150
### 第二节 图书馆礼仪 ………………………………………………… 156
### 第三节 会议礼仪 …………………………………………………… 158
### 第四节 其他校园场景礼仪 ………………………………………… 169

## 主要参考文献 …………………………………………………………… 173

第一章

# 教师礼仪概述

> 礼者,所以正身也;师者,所以正礼也。无礼何以正身?无师,吾安知礼之为是也?
>
> ——《荀子·修身》

**本章提示**：礼仪是人类文明的瑰宝,有着悠久的发展历史。教师礼仪是其中重要的组成部分。教师礼仪的一致性、教育性、深远性和全面性特点使其有着非比寻常的实践意义。本章重点需要了解教师礼仪的原则、特点和实践意义。

礼仪文化

礼仪文化是人类精神文明中一颗璀璨的明珠。它指导和规约着人类的衣食住行、待人接物、行为处事等方方面面。礼仪不同于法律，法律是外在的他律；也不完全等同于道德，道德是人类内在的自律，它是人类调剂生活和工作的润滑剂。它不强制，也非全然的自律，而是介于两者之间，更倾向于道德领域。礼仪文化的存在使得人类社会在井然有序中前进，并随着时代的发展而不断更新发展。礼仪文化在高度上融合于道德文化，有着道德文化的根基原则，却又在深层次中融于生活，体现为具化的生活规约，规范着古人和现代人的生活全貌。教育是传承人类文明的主要载体，教师是实现文明传承的主体。教师职业的特殊性使得教师有义务、有责任继承并发扬中国传统礼仪文化的精华，并根据时代的发展丰富我国礼仪文化资源，为社会主义教育事业服务，为社会主义精神文明和物质文明建设服务。

## 第一节　礼仪概说

纵观历史，中国具有五千多年文明史，素有礼仪之邦的美誉。礼仪作为中国传统文化的一个重要组成部分，对中国社会历史发展产生过广泛而深远的影响，其内容十分丰富。礼仪所涉及的范围十分广泛，几乎渗透于社会的各个方面。

### 一、礼仪的起源

礼仪文化的发展在人类文明发展过程中有着漫长的历史。了解礼仪文化的发展和演变历程，有利于我们深刻地把握礼仪的本质和实相，并真正做到取精华、弃糟粕的扬弃行为，使得礼仪真正落实到生活实践中，指导每个人的生活和工作。

#### （一）礼仪起源

一般学者推论认为，人类礼仪源于原始社会后期。关于礼的起源，目前说法不一。归纳起来有五种起源说，一是天神生礼仪；二是礼为天地人的统一体；三是礼产生于人的自然本性；四是礼为人性和环境矛盾的产物；五是礼生于理，起源于俗。

大部分学者认可原始宗教的祭祀活动是人类最早也是最简单的礼的起源。原始宗教产生于原始社会后期。由于原始社会生产力水平低下，人们处于蒙昧状态，认识世界能力有限，无法对各种自然现象做出科学解释，因而对自然现象产生了敬畏和恐惧，于是各种原始宗教、原始崇拜便由此产生。为了表达这种崇拜，人类生活中便产生了祭祀活动。在各种祭祀活动中，逐渐发展出了相应的仪式和规范，以此来规约人类的生活和社会秩序。随着人类对自然与社会各种关系认识的逐步深入，仅以祭祀天地、鬼神、祖先为礼，已经不能满足人类日益发展的精神需要和调节日益复杂的现实关系，于是，人们将祭祀活动中的一系列行为，从内容和形式扩展到了生活中人际交往活动中，并且逐渐演化为社会各个领域中各种各样的礼仪。同时，原始人类为了生存和发展，除了与大自然抗衡，还不得不以群居的形式相互依存，人类的群居性使得人与人之间相互依赖又相互制约。这就需要所有成员共同维护良好的交往秩序。随着对内部人际关系的妥善处理，逐渐形成了更富有生活意义的人际交往礼仪，这就是最初的礼的起源。

礼仪是社会历史的产物，是人类进化发展的文明成果之一，是人类社会生活实践的产物。礼仪体现的是人与人之间的关系规范，并且有效地规约着这种人际关系的良性发展。

### （二）中国礼仪的起源和发展

中国礼仪是世界礼仪文化中的瑰宝之一，其在传承和发展过程中不断更新演进，其演变过程可以分五个阶段。

1. 礼仪的起源时期：夏朝以前

礼仪起源于原始社会，在原始社会中、晚期（约旧石器时代）出现了早期礼仪的萌芽。整个原始社会是礼仪的萌芽时期，礼仪较为简单和虔诚，还不具有阶级性。内容包括：明确血缘关系的婚嫁礼仪；区别部族内部尊卑等级的礼制；为祭天敬神而确定的一些祭典仪式；制定一些在人们的相互交往中表示礼节和表示恭敬的动作。

2. 礼仪的形成时期：夏、商、西周三代

人类进入奴隶社会时期，统治阶级为了巩固自己的统治地位，原始的宗教礼仪发展成符合奴隶社会政治需要的礼制，礼被打上了阶级的烙印。在这个阶段，中国第一次形成了比较完整的国家礼仪与制度。如"五礼"就是一整套涉及社会生活各方面的礼仪规范和行为标准。古代的礼制典籍亦多撰修于这一时期，如周代的《周礼》《仪礼》《礼记》就是我国最早的礼仪学专著。在汉以后两千多年的历史中，它们一直是国家制定礼仪制度的经典著作，被称为礼经。

3. 礼仪的变革时期：春秋战国时期

这一时期，学术界形成了百家争鸣的局面，以孔子、孟子、荀子为代表的诸子百家对礼教进行了研究和发展，对礼仪的起源、本质和功能进行了系统阐述，第一次在理论上全面而深刻地论述了社会等级秩序划分及其意义。

孔子对礼仪非常重视，把"礼"看成是治国、安邦、平定天下的基础。他认为"不

学礼,无以立","质胜文则野,文胜质则史。文质彬彬,然后君子"。他要求人们用礼的规范来约束自己的行为,要做到"非礼勿视,非礼勿听,非礼勿言,非礼勿动";倡导"仁者爱人",强调人与人之间要有同情心,要相互关心,彼此尊重。

孟子把"礼"解释为对尊长和宾客严肃而有礼貌,即"恭敬之心,礼也",并把"礼"看作人的善性的发端之一。

荀子把"礼"作为人生哲学思想的核心,把"礼"看作做人的根本目标和最高理想——"礼者,人道之极也"。他认为"礼"既是目标、理想,又是行为过程。"人无礼则不生,事无礼则不成,国无礼则不宁。"

管仲把"礼"看作人生的指导思想和维持国家的第一支柱,认为"礼"关系到国家的生死存亡。

4. 强化时期:秦汉到清末

在我国长达两千多年的封建社会里,尽管在不同的朝代,礼仪文化具有不同的社会政治、经济、文化特征,但有一个共同点,就是一直为统治阶级所利用,礼仪是维护封建社会等级秩序的工具。这一时期礼仪的重要特点是尊君抑臣、尊夫抑妇、尊父抑子、尊神抑人。在漫长的历史演变过程中,它逐渐变成妨碍人类个性自由发展、阻挠人类平等交往、窒息思想自由的精神枷锁。

纵观封建社会的礼仪,内容大致有涉及国家政治的礼制和家庭伦理两类。这一时期的礼仪构成中华传统礼仪的主体。

5. 现代礼仪的发展:民国之后

辛亥革命以后,受西方资产阶级"自由、平等、民主、博爱"等思想的影响,中国的传统礼仪规范、制度受到强烈冲击。"五四新文化运动"对腐朽、落后的礼教进行了清算。那些符合时代要求的礼仪规范被完善、传承,那些繁文缛节逐渐被抛弃,同时接受了一些国际上通用的礼仪形式,新的礼仪标准、价值观念得到推广和传播。新中国成立后,逐渐确立以平等相处、友好往来、相互帮助、团结友爱为主要原则的具有中国特色的新型社会关系和人际关系。改革开放以来,随着中国与世界的交往日趋频繁,西方一些符合时代的礼仪、礼节陆续传入我国,同我国的传统礼仪一道融入社会生活的各个方面,构成了社会主义礼仪的基本框架。

## 二、礼仪的含义

### (一) 礼、礼貌、礼节与礼仪

1. 礼

中国古代的礼仪内涵,历来有广义和狭义之分。广义的礼仪就是指"礼",它包

罗万象,把典章制度、朝廷法规、治国方略、生活伦理、个人道德等都包括进去。狭义的礼仪主要指人际关系中为了维护正常社会秩序而逐步形成的一系列行为规范。从词源角度来看,中国古代的"礼"和"仪",最初是两个不同的概念。"礼"是指制度、规则和社会意识观念;"仪"是"礼"的具体表现形式,它是依据"礼"的规定和内容形成的一套系统而完整的程序。在中国古代,礼仪是为了适应社会生活和统治人民需要,从宗族制度、贵贱等级关系中衍生出来,因而带有产生它的那个时代的特点及局限性。

"礼"的原始本意为敬神,后引申为表示敬意的通称。"礼"的含义比较丰富,它既可以指表示敬意而举行的仪式;也可泛指社会交往中的礼貌礼节,是人们在长期的生活实践中约定俗成、共同认可的行为规范;还可以指社会制度和道德规范。"礼"的本质是"尊",有尊敬、理解、友好、谦恭、关心、体贴之意,"礼"是礼仪的终极核心。

2. 礼仪

礼仪包括"礼"和"仪"两部分。"礼",即礼貌、礼节;"仪"即仪表、仪态、仪式、仪容,是对礼节、仪式的统称。

礼仪是指人们在人际交往中为了表示相互尊重,按照约定俗成的程序和行为方式表现出来的社交规范和仪式。礼仪是个人礼貌和具体礼节、仪式的总称。

3. 礼貌

礼貌是指人们在交往过程中相互表示敬意和友好的行为准则和精神风貌,是一个人在待人接物时的外在表现,是人的道德品质修养最直接的体现。它通过言行举止表达对交往对象的尊重,它反映了个人的道德水准,同时也体现了人们的文化层次和文明素养。

4. 礼节

礼节是人们在交往过程中逐渐形成的约定俗成的和惯用的各种行为规范的具体方式。如鞠躬、握手、拥抱等礼节。礼节是礼貌的具体表现,具有形式化的特点,主要指日常生活中的个体礼貌行为。礼节体现礼貌,礼貌包含礼节,两者相辅相成,不可分割。

(二) 礼仪、礼节、礼貌之间的关系

礼仪是一种社会生活规范,是人们社会交际中的行为准则。礼貌、礼节都属于礼仪的范畴。礼貌是表示尊重的言行规范,礼节是表示尊重的形式和具体要求。礼仪是由一系列具体表示礼貌的礼节所构成的完整过程。"礼貌""礼节""礼仪"三者尽管名称不同,但都是反映人们在相互交往中表示尊敬、友好的行为,其本质都

是尊重人。三者交织联系,密不可分。有礼貌而不懂礼节,往往容易鲁莽;熟悉礼节却流于形式,充其量只是客套。礼貌是礼仪的体现,礼节是礼仪的形式。礼仪在层次上要高于礼貌、礼节,其内涵更深、更广,它是由一系列具体的礼貌礼节所构成;礼节只是一种具体的做法,而礼仪则是一个表示礼貌的系统、完整的过程。

### 三、礼仪的特点

作为规约人类社会生活交往的有效手段,礼仪的特点包括时代性、传承性、规范性、发展性、差异性等特点。

1. 时代性

礼仪是人类社会历史发展的产物。每个人类社会发展的不同阶段,都有不同的礼仪内容呈现。原始礼仪与祭祀规范有关,体现的是人类对不可知的恐惧和无形的约束。古代礼仪则体现政治制度和等级制度的要求,其中不乏封建伦理和规范对人性的制约和摧残,比如所谓的"三纲五常"。而现代礼仪则体现人性,关乎人的尊严和自信。尊重、真诚、友好、节制、适度等,都体现了时代的特点。现代礼仪去掉了古代封建礼仪制度中的繁文缛节、复杂琐碎的内容,吸收了许多反映时代风貌、适应现代生活节奏的新形式。现代礼仪简明、实用、新颖、灵活,体现了高效率、快节奏的时代旋律。

我国现代许多礼仪形式,都是辛亥革命以后,尤其是新中国成立后才形成的。现代礼仪以科学精神、民主思想和现代生活为基础,摆脱了封建落后的成分,表现出新型的社会关系和时代风貌。

2. 传承性

人类的礼仪规范一旦产生,必然随着人类文明的传承而延续下来。任何一个国家和民族的礼仪都是在古代礼仪的基础上延续和发展的。人们在生活中不自觉地沿袭着上一代人的交往规则、活动仪式、各种礼节等礼仪规范,并顺应时代采取存精华、去糟粕,古为今用的态度,使得礼仪规范就此延续和发扬开来。礼仪规范的核心本质如尊重、诚信、忠义等流传至今,一些具体的礼节,比如礼尚往来、端茶敬酒、饮食起居等细节也有所保留。礼仪文化的传承是社会发展的必然,只要人与人之间有交往,礼仪规范就有传承的价值和意义。

3. 发展性

礼仪是一种有生命力的文化现象。它深入人们生活的各个领域中,它不是一成不变的,而是与时俱进的。它随着时代的发展,科学技术的进步,在传统的基础上不断地推陈出新,体现时代的要求与时代的精神。礼仪发展变化的方式有两种,一种是礼仪自身的更新换代,去伪存真;另一种是外来礼仪文化的融合。如古人相见时以鞠躬或者跪为礼节,而今人是以握手礼节表示友好;古人衣着服饰有阶级的印痕,而今人的服饰以体现个性为主,与阶级无关,与品味有关;古人留长发认为身体发肤不可毁损,而今人可有任意发型;古人言谈中使用敬称如"君、长、令"等较多,而今人以"你、您、我"来相称,不再过于客套谦虚。如此种种,礼仪的发展变化可见一斑。

4. 差异性

俗语说"十里不同风,百里不同俗",由于地域不同、民族不同、文化背景不同,礼仪除了某些本质相同的特点之外,还具有本地域民族的自身特点,这就表现为礼仪的差异性。如现代人见面会以握手为礼,而某些少数民族是以右手掌放在左胸口表示尊重礼貌;有些地区以热情的拥抱表示友好,有些则是以亲吻面颊表示友好,等等。又如婚嫁习俗,有的地区以晚上举行婚宴为习俗,而有的地区是以中午举行婚宴为主。我国人际往来赠送礼物不当面拆开,而西方人一定要当面拆开礼物表示感谢。礼仪的差异性不一而足,这些都是由于各区域人们不同生活习惯以及礼仪文化的传承而使然。礼仪规范的差异性使得各种礼仪文明如一颗颗光彩夺目的明珠,呈现出迷人的样貌。

## 第二节　教师礼仪概说

教育是促进人类发展和进步的伟大事业,教育的终极价值目标是培养人才,塑造理想人格。教师是实现这一伟大目标的中坚力量。教师不仅是教授知识的主体,更是传承人类文明的主要力量。教师这个职业的重要性和特殊性毋庸置疑。我国自古以来就是尊师重教的国度,古人要求学生要尊师、近师、忠师,同时也要求教师严格要求自己,尤其是个人礼仪修养部分。孔子曾说:"其身正,不令而行;其身不正,虽令不从。"就是强调了教师要以身作则,用"身教"来起到示范作用,这是对教师提出的基本要求。其中的"身正"就包括了对

**孔子像**

教师礼仪的要求。教师礼仪则是职业要求和社会道德要求的直接体现。

那么,什么是教师礼仪呢?教师礼仪是指教师在教育教学过程中所必须遵循的礼仪规范。这既是教师职业素养的要求,也是教师尊严的体现。

## 一、教师礼仪的特征

教师礼仪不同于一般礼仪,因其职业的特殊性,教师礼仪有着独有的特征。

1. 教师礼仪的教育性

教师的职业特点是教书育人,是对一群尚未成年的孩子进行人生道路的启迪和指引。由于学生天性有向师性,教师本身就成了学生模仿和学习的榜样,成为学生心目中的独特存在。教师的一言一行、一颦一笑,一举手一投足,都会带给学生不可估量的影响,有些影响甚至持续一生。优秀的教师懂得利用自身无限的影响力,在校园内外,由内而外,从上到下,从言谈举止到外在服饰,尽量做出合乎礼仪规范的行为,其目的就是潜移默化地产生积极的教育影响,这是一种对待学生的积极态度和对待教育事业的无限热忱。优秀教师能带给学生心灵的触动,而不修边幅、言谈举止失当、缺乏基本礼仪修养的教师,也会带给学生负面的影响。学生的审美能力和鉴赏能力也是日益提升的,教师的任何不恰当的行为,都会引起学生侧目,甚至是鄙视,这会严重影响师生关系,进而影响到学生个人的发展。

2. 教师礼仪的一致性

教师要育人,首先自己要具备一定的资格和能力。无论教师的内在心理素质、职业情操,还是外在的形象塑造、言谈举止,都要有一致性,要做到真正表里如一,才能产生真正的影响和教育意义。如果教师本身缺乏职业热情,不热爱学生,即使所做的行为符合礼仪规范,也是缺乏生命力的礼仪,也会让学生感到困惑不解,甚至失去学生的信赖和尊重。教师必须要有爱,教师礼仪也要基于爱而体现。没有爱就没有教育,也就没有所谓的礼仪。

3. 教师礼仪的深远性

教师的影响力会持续在每个人一生中,而且会影响到每个人生命中的各个层面。无论是外在形象的塑造,还是语言风格的特点,抑或是待人接物的方式,都会在学生心中留下印记。曾有许多名人回忆自己中小学时代的老师,回忆这些老师当初种种的言行对自己的深刻影响,以至于日后他们的成就中有曾经老师的影子,老师的良善影响持续他们一生。教师对待学生和善有礼,语言行动中透露出善意的引导,这是对学生心灵层面的影响;而教师外在服饰、表情、动作等充满雅致的美感,也会影响到学生的外在风格。不管内在还是外在,教师恰当的礼仪风貌确实能

影响学生的一生。

4. 教师礼仪的全面性

教师礼仪的全面性指的是教师礼仪涉及内容范围广泛而全面,深入校园生活的各个层面和各个角度。如教师礼仪涉及自身内外形象的塑造;涉及与学生、与家长、与同事的交往;涉及语言礼仪的使用、举止表情的礼仪规范;涉及不同空间的礼仪规范;等等。教师礼仪涉及的校园生活范围极其全面,同时,教师礼仪对个人的影响也很全面。对学生的影响可以是由内而外,由言谈到行动,由认识到实践,这是教师影响力的全面体现,也是教师真正的价值感和意义感的体现。教师除了传递知识,更是影响了他人的思想和行动,这才是真正的教师,才是真正的教育。

## 二、教师礼仪的原则

教师礼仪在生活实践中的运用必然有其规律。真正的礼仪不是流于表面,而是具有深层次内涵的体现。教师礼仪的原则指的是教师礼仪在社会生活实践中运用时必须遵循的基本理念和认知。教师礼仪充分完美的体现,必须具备如下几个原则:

1. 尊重原则

人与人相处和交往,最重要的是彼此尊重和理解。尊重是人性需求的最高点。根据马斯洛的观点,当人类解决了基本的生存问题后,爱、安全、尊重的需求就是最重要的目标。当前社会经济高速发展,人们的生活水平显著提高,人们对于精神满足的需求显得更加明显。在校园中,满足精神需求也是重要的教育内容。现在提倡学生是学习的主体,教师是教育的主体,所有的关注点都在于"主体"二字。主体意味着需要有独立的精神,自由的思考,人性的凸显。教师在对待自己和他人时的态度和举动,会明显表达出对人性的考量和理解,进而体现为教师礼仪。尊重是礼仪的核心,是礼仪的起点。没有尊重的礼仪不是礼仪,没有尊重的交往无法完成,没有尊重的人性不会自由。所以,尊重是当下所有人的需要,是时代发展的必然要求;尊重是人类区别于动物的最深层次的不同;尊重是人际交往的核心,是礼仪得以不断发展的动力所在。教师礼仪体现为尊重自身,尊重学生,尊重同事,尊重所有人际关系中的他人。

2. 真诚原则

真诚原则指的是教师与人交往时对待他人真心实意,坦诚相对的心理状态。苏格拉底曾说:"不要靠馈赠来获得一个朋友,你须贡献你诚挚的爱,学习怎样用正当的方法来赢得一个人的心。"可见在与人交往时,真诚原则是礼仪的重要内核。只有真诚待人才能获得他人真诚的对待,才能获得良好的人际关系。人与人交往就像面对一面镜子,你的真诚可以通过对方反馈出来。真诚是一种对人对事实事求是的态度,是待人真心实意的友善表现。真诚表现为不虚伪,不矫揉造作,不对立;更表现为对他人的尊重、信任和理解。

教师在与学生相处时,对学生真心相待、理解关怀,这既体现出教师应该有的风度和修养,又会拉近师生间的信赖关系,为良好的教育效果打下坚实的基础;教师与同事相处时,也要尊重礼貌,以真诚示人,这会营造出和谐的工作氛围,也有利于大家的共同进步和发展。

但是,真诚不是简单的直率和鲁莽。当他人有明显问题出错时,请婉言指出,或者换个方式指出,而不是假借真诚直率之名,当众一语道破。给他人留面子,维护他人尊严也是礼仪素养的一个重要体现。

3. 平等原则

人与人交往要建立在人格平等的基础上,才会有良好的人际关系产生。平等原则指的就是人际交往中人们相互平等对待,在心理上不存在歧视、偏见和不公正的心理状态,从而建立起良好的人际关系的原则。

人类社会有分工,导致人们职业不同,社会地位、身份也不同,人与人之间有很大的实际差异。这就造成了一些人不平等的心态。在与这些人交往时,不平等的心态表现为高高在上地俯视他人,或者畏首畏尾的局促感。如果交往的一开始是建立在不平等心态上,那么人际交往是失败的。人与人交往的主要目的是信息沟通和建立联系,如果是以平等的态度为基础,人与人之间沟通交往才会顺利进行,如果有一方是高高在上的态度,那么真正的沟通不可能发生,也不会建立起良好的交往关系。人们交往时,要本着人格平等的心态来相处。人的本质是平等无差别的,虽然职业分工导致实际社会身份不同,但是也不要因此而存在偏见和差别对待,偏见是见识不足和心态失衡的表现。平等待人是礼仪的基本要求,也是一个人见识高低的反映,更是一个人世界观、人生观的体现。

教师在与任何人打交道时要体现出平等的态度,这是教师职业的要求,也是教师礼仪必然的体现。教师本来知礼,必然会用礼。

## 三、教师礼仪的意义

教师礼仪不仅是职业要求,更是教育规律的反映,它指导并规约教师的一切行为,进而影响着学生的成长和发展,最终影响到整个社会。教师礼仪的学习和实践运用有其积极而深远的意义。

1. 教师礼仪有助于凸显教师的修养

教师职业具有不同于其他职业的特殊性。它与育人有关,与社会大众的高期望有关。教师的一言一行既反映自身的个性修养,也反映教师群体的整体形象。教师通过自身的言行举止,表达出个人的品性、喜好、态度、价值取向等,所以这些行为举止如果是合乎礼仪、出于礼仪、成于礼仪,那么,教师个人素养和个人形象就明显生动和凸显。教师的职业不同于其他行业,教师的种种表现有示范性,有展示功能,其他人不论学生还是社会人士,都会是通过教师的各种行为来进行初步判断。得体的服饰,优雅恰当的举止,得体的言谈,都是教师形象的标志,都体现教师真正的个人素养,甚至教师的个人魅力。优秀的教师懂得充分发挥自己的这些特征,以此赢得学生的赞许和信赖,有利于教育工作的展开。这些良好的外部特征,正是教师区别于他人的明显标志。大多教师已经拥有足够的知识内涵,倘若再真正掌握教师礼仪规范,那么内外结合的美、个人的魅力形象就会诞生。

　　内外结合的教师礼仪不光展示教师个人的素养,也会凸显出教师群体的素养和风貌。任何一个国家、民族的教育者们都彬彬有礼,都素养完备,那么这个国家、民族的教育是充满希望的,这个教师群体是值得信赖的。

　　学生都喜欢有一定素养的教师。学生喜欢着装整洁得体、优雅大方的教师;喜欢表情丰富、语言良善的教师;喜欢站如松、坐如钟,举手投足掌握分寸的教师。教师职业是一个学生瞩目、家长期望的职业,教师礼仪的作用就是让每个教师,教师群体,绽放自身的魅力,成为人们真正值得信赖的文化传播者,成为新文明的缔造者。

　　在当前素质教育和基础教育新课程改革的教育思想日益深入人心的形势下,大多数教师已经开始重视自身素质的提高,尤其对教师礼仪修养的重要性也开始有了一定的认识。但由于某些主客观原因的影响,在一些教师当中,仍然经常发生损害教师职业形象、背离教师职业道德的不文明现象,如身穿奇装异服或佩饰珠光宝气,对学生说粗话、脏话,甚至侮辱学生人格;随意体罚学生,导致学生身心受到严重伤害;等等。这些教师的不良言行举止导致与学生、与同事关系紧张,也给学生家长带来不良的影响,甚至造成学生与家长间亲子关系的恶化。造成部分教师礼仪修养缺乏的客观原因,除了某些不良社会风气的影响外,主要是长期以来我国学校忽视对教师的礼仪教育。如今教师礼仪的培训已经开始受到重视,相信今后所有的教师,都会不负众望,成为学生心目中、家长心目中,甚至社会其他行业人心目中的典范。

　　2. 教师礼仪有助于提高教师的威信

　　教师威信是一种巨大的教育力量,它指的是教师在学生心目中高大、完美、值得信赖和敬仰的整体影响力。教师威信是一种能让学生尊崇的魅力,是学生"亲其师而信其道"的某种吸引力。它的形成不仅与教师的知识、能力密切相关,同时也受教师外在形象的影响。一个举止优雅、着装大方得体、表情恰当、言语温煦的教

师形象,有一种神奇的吸引力,使得学生不由自主地去亲近和信赖。这样的教师形象是学生心目中真正可以模仿的对象,是学习榜样,这样的教师有影响力,容易确立自己的威信。

威信的确立由内而外。教师首先要自爱,才能被他人所敬爱。自爱是不放弃自己的专业成长,不放弃自身形象的塑造,不放弃内外兼修。教师的自爱来源于自尊,来源于得体的服饰、大方的举止、良善的品德,来源于礼仪素养。教师职业是育人的事业,也是自我成长的事业。人终其一生追求的是自我的完善,在给他人提供成长动力的同时,自身的成长必不可少。一个追求卓越,从内而外体现美好、凸显美好的教师,自然是有威信的教师,威信就在教师礼仪的实践中。当然,部分教师不注意个人形象,不拘小节、不修边幅、举止失当,可能也会为部分学生所接纳,但是威信的确立会比较艰难。人人爱好美好的事物,美就是吸引力、影响力。为了学生健康成长和发展,教师一定要在生活工作中践行礼仪规范,这是教师神圣职责的要求,也是教师威信建立的要求。

3. 教师礼仪有助于建立良好的人际关系

教师职业主要与人打交道,必然存在人际关系问题。教师的人际关系主要体现在师生关系、同事关系、家校合作关系等,这些关系构成了教师生活的主要关系网。任何一个关系处理不当,会导致其他关系失衡。人是群居的生物,人际关系是每个人赖以存在的基本点。教师在工作和生活中需要把这些关系处理好,以便于在这些关系中按照正常秩序行事。

师生关系是教师人际关系的核心。师生关系的好坏影响巨大,好的师生关系能促进师生彼此共同的成长和发展。对教师而言,好的师生关系,有利于教学相长;而不良师生关系是师生成长的绊脚石,既不利于学生成长,也不利于教师专业化成长。好的师生关系体现为教师热爱学生、尊重学生、平等对待学生,能赢得学生的尊重和信赖;不良的师生关系是教师缺乏热情和爱,举止不当,对待学生没有爱心,语言没有礼貌没有温情,学生也不信赖和尊重教师,当然严重的还会有师生间各种消极的冲突。不良的师生关系会严重地伤害学生的身心,也会伤害教师的执教热情。

良好师生关系的建立和维护需要教师自身的引导和影响。首先教师真诚对待学生,有爱心,有善意的教导,有得体的行为举止,有良好的形象塑造,这样的师生关系会比较容易建立。也就是说教师除了具备必需的专业学识素养外,要有恰当的礼仪素养,这样会更容易建立良好的师生关系。良好师生关系建立的主导者在教师,而非学生。

当然,同事关系、家校良好的合作关系也需要教师作为主导,精心营造和维护。一个形象举止文雅、言谈有趣,能理解和尊重他人的同事,是值得交往和尊重的。

同事之间的交往更需要付出真诚和表达尊重。同事间言语交谈时的尊称、敬语,表情中透露出的理解和善意,都是良好同事关系的基础。教师与家长的关系更多需要教师礼仪的支撑。教师做到尊重和平等对待每位家长,将是建立良好关系的基本原则。不要因为学生成绩的问题,而恶化与家长的关系。

总之,教师的礼仪素养是建立一切与教育相关的人际关系的基础和必要条件。

### 思考与讨论

1. 区分礼仪、礼节、礼貌。
2. 教师礼仪的特征是什么?
3. 为什么学习教师礼仪的意义重大?
4. 谈一谈记忆中印象深刻的教师,他们哪些方面使你印象深刻?为什么?

# 第二章
# 教师的形象礼仪

> 把美的形象与美的德行结合起来吧,只有这样,美才会放射出真正的光辉。
>
> ——培根

**本章提示**:心理学中第一印象原理表明,一个人的带给他人的整体印象中55%来自个人的外表,包括衣着搭配、妆容、发型等;38%来自一个人的仪态,包括举手投足的动作,说话的声音、语调、表情等;而只有7%的内容来自交谈内容,也就是说,第一印象中的93%都是关于个人的外表形象。所以,教师的个人魅力发挥需要有良好的形象塑造。良好形象的塑造包括干净整洁的外表,适当的妆容,这一切既是对自身尊严的重视,更是对他人的尊重和礼貌。教师教书育人,任何细节都具有教育性。这是教师礼仪的起点,更是教师职业特殊性的体现。

形象礼仪

第二章

異説のあれこれ

**小故事**

1. 一天，上课时，一位老师正滔滔不绝地讲授语文知识，忽然，一个学生偷偷和同桌说："你看，老师的牙齿上有个绿绿的菜叶子。"于是，这个菜叶子就成了学生关注的焦点，学生注意力分散了。

2. 小丽开学就是四年级学生了，可是从来洗不干净脸。开学后的一周，新来的语文老师引起了小丽的注意。老师有着白白净净的脸庞，和蔼的微笑，经常穿着素雅洁净的裙子，这一切深深吸引了她。不知不觉中，小丽不再需要妈妈督促，而是自己每天洗干净脸庞，也喜欢保持衣服洁净了。

教师是学生主要的模仿对象。心理学研究表明，人的整体形象会深深影响到他人的判断、认可和接纳程度。在学校中由于学生的整体认知水平处于初级阶段，他们的审美能力、鉴赏能力甚至生活观念等都会被教师形象所影响和塑造。所以，一个教师整体形象的好坏，影响深远，意义重大。

## 第一节　教师的清洁

在个人的整体形象中，面部会最先映入他人眼帘。一个人的面部形象如何，会影响到他人对自身的判断和各种感受。同时，个人面部状态也会反映一个人的生活状态、心理状态、礼仪素养，甚至是社会身份信息。教师的面部是最先映入学生心中的部分。教师自身的相貌、发型、体型，会让学生产生初步的印象。因此，教师面部的清洁就是树立教师形象的第一步。以下内容男女教师通用。

### 一、面部的清洁

**（一）清洁用品选择**

教师可以根据自己的肤质来选择合适的洗脸产品。

人的面部皮肤可以分为干性皮肤、油性皮肤和中性皮肤。

干性皮肤可以选用保湿型洗面奶，这类型洗面产品会保证清洁度又会达到滋润皮肤的效果。对于特别干燥及敏感性肌肤，清洁力强但脱脂力弱的低刺激产品最为适合。使用产品时要特别注意，洗面奶用量过多或起泡不完全都会给肌肤带来负担，所以使用时取出适量，沾水后在手掌心揉搓使其起泡，再轻轻地顺纹按摩肌肤，在面部停留三十秒左右，即可用温水冲洗。请不要让洗面奶在面部停留太久，或者用太热的水洗脸，以免刺激到皮肤，污垢反而会被皮肤吸收，也会导致毛孔扩大，或者皮肤松弛；在清洁洗面时，注意一定要清洁发际线周围的洗面奶残留物，以防皮肤起痘，可以用清水多次清洗。最后用稍凉的水整体清洗，使面部肌肤收紧。

油性肤质因皮肤油腻易长痘痘，鼻头会有较多黑头，毛孔比较粗大。如果属于油性肤质，应选择去油且保湿的洗脸产品。特别注意鼻翼、额头这两个易泛油的部位。洗脸时应用手指上下移动的手法进行按摩揉搓，仔细清洗两次，之后用冷水再洗一遍，这样有利于毛孔收缩，减少出油现象。

中性皮肤肤质较好，健康而有光泽、有弹性。但是再好的皮肤也要注意平时的清洁保养。中性皮肤的清洁保养主要在于保持光泽、去掉暗沉，可选用温和型洗面奶配以适当的按摩手法清洗脸部，让肌肤光润白皙。

### （二）洗脸的具体步骤

如果日常没有化妆，那么早晚洗脸的方法可以相同；如果化了彩妆，那么晚上洗脸时就要将脸上的妆彻底清洗干净，所以要加上卸妆清洁的步骤。

1. 早上洗脸的步骤

（1）在脸盆里倒上温水，双手沾水反复泼脸，使脸部温热。

（2）将适量的洗面奶倒在手心揉搓起泡，用整个手掌敷面，并由内向外画圆圈。大拇指伸到耳后，将耳朵后面清洗干净。

（3）将洗面奶洗掉，注意发际线，两鬓角和耳朵内外也要仔细清洗。

（4）用较凉的水再次冲脸，以便收缩毛孔，后用毛巾擦脸。

2. 晚上洗脸的步骤

（1）使用卸妆类清洁产品需要按照说明进行。一般取适量卸妆产品直接涂抹到脸上，注意避开眼角和嘴角，轻轻按揉，把妆容和卸妆产品融合，直到擦掉口红、粉底、眼影等。

（2）用温水轻轻将脸部洗干净，包括发际线、鬓角、耳朵。

（3）随后用洗面奶揉搓起泡后抹在脸上，再洗一遍。方法是用中指和食指在脸上轻柔地向

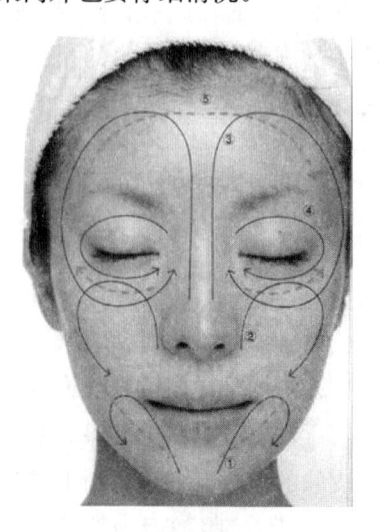

**面部保养**

上向外画圈,特别注意眼部周围和鼻翼要轻轻按揉。

(4)最后用温水洗掉脸上的洗面奶,用毛巾擦干净。

**注意**:彻底清洁完面部之后,要及时补水,然后涂抹保湿霜,以防止皮肤干燥,也可以使用免洗型面膜,达到保湿的效果。

### (三)面部的保养和按摩

面部的保养重点在于防晒和保湿。人的面部皮肤老化和暗沉,大多源于太阳紫外线的损伤,还有缺水导致的皮肤干燥。所以,清洁后的皮肤需要按照恰当的按摩方式进行补水和保湿。若是出门,一定要涂防晒霜,这是防止光老化的基本护理方式。防晒霜的防晒指数选择要按照出门时间长度来选择,也要考虑日照强度。

## 二、头发的清洁护理

头发作为个人形象的重要组成部分有着举足轻重的作用。一个人的整体面部形象如何,在很大程度是由其头发来决定的。教师整体形象的好坏与头发有直接的关系。不论男教师还是女教师,保证头发的清洁、顺畅是对学生以及对自己的基本尊重,也是基本的个人素养。

### (一)头发的清洁

1. 洗发产品的选择

人的头发分干性头发和油性头发,可以按照导购员的介绍,购买相应的洗发产品。一般而言,干性头发适合使用滋润型的洗发产品,这种产品会减少头发的损伤,保证头发的清爽。而油性头发则适合清爽型洗发产品。

2. 正确的洗发方法

(1)洗发前,先把头发从下而上一段一段地梳顺。这有助于除去头发表面的污垢和解开缠结。

(2)用温水沾湿头发,因为温水能保持头发亮泽。

(3)把洗发产品在手上揉搓起泡后再按摩在头发上,按摩片刻,然后用温水冲洗干净。用手指肚按摩既可增加血液循环又能舒缓压力,令头发生长得更健康。请不要用手指甲挠头皮,这会损伤发根,导致掉头发。

(4)洗发后应该涂抹适量护发素。护发素应涂抹在发丝末端和发茎的位置,不要涂在头皮上。护发素的作用是顺滑头发及增强头发弹性,能有效保护头发的毛鳞片,使得头发不易断裂。

（5）稍等几分钟后，用清水冲净头发，用毛巾按压式吸掉水分。注意不要用毛巾揉搓头发，那会使头发鳞片受损，导致头发变得毛糙且缺乏弹性，易断裂。

（6）如果情况允许，最好按压吸收水分后让头发自然晾干。但是晚上睡前一定要用吹风机吹干头发，不可以湿发睡觉。湿发睡觉容易导致头部血液循环不畅通，进而导致头部疾病。

（7）等头发干透后，可用保湿喷雾喷发，有助于头发服帖和定型。

### （二）头发的护理

我们日常梳头发时，要轻柔，不要用力拉扯。对于特别难梳理的头发，可以先喷一些顺发精华素，花点时间用宽齿的梳子在打了结的地方梳顺，从头发的末端梳起，最后到发根，直到可以顺畅地从发根一直梳到发尾为止。

此外，每天睡觉前坚持手指梳几分钟头发。当然也可以用功能性梳子来梳头。平时尽量不要使用塑料或金属质地的梳子，要使用天然材料或橡胶树脂的梳子。梳子的齿要宽一些，不用太密实的梳子，它会使头发折断。

**小技巧：**

**头部按摩方法**

两手五指微曲，用双手手指尖先轻轻拍打头皮，然后用十指指端从前发际起经头顶向后发际梳理推进，反复按摩20～40次；或两手手指自然张开，用指端从额前开始沿着头部到后脑发际按摩，然后按压头顶两侧的头皮，及至整个头部，每次按摩5分钟；最后可以用手抓住头顶中部头发，轻轻用力向上提起，使头皮轻轻被提起，反复几次。这些按摩和提拉动作不仅有利于头发的健康亮丽，同时也可以减轻大脑和头皮的疲劳。

**小叮咛：**

关于女教师：头发尽量要本色，不要挑染多种颜色。不要太大的波浪卷，尽量发不过肩。应该以束发、盘发为主发型，体现教师的干练和睿智的职业感。

关于男教师：头发要做到发不覆额，发不过耳，发不过领。这样会体现男教师阳光和帅气的职业形象。

## 三、手部的清洁和护理

手部是人的第二张脸，教师常运用手来完成书写、示范、指示等工作。手部的干净卫生也体现教师的个人素养。这既是工作的需要，也是个人杜绝细菌、保持健康的需要。

### (一) 手部清洁护理

清洁手部尽量以水和香皂为主,其他清洁产品也可以。具体清洁和护理方法如下:

(1) 尽量用温水浸湿双手,以充分软化皮肤。

(2) 手心手背均涂抹香皂,双手搓揉出泡沫,最少用二十秒时间揉擦手掌、手背、指隙、指背、拇指、指尖及手腕,揉搓时不要冲水。

(3) 之后用流动的清水将双手彻底冲洗干净。

(4) 用干净毛巾或手纸擦干双手,或用干手机将双手吹干。

(5) 涂抹适量的护手霜,并且充分拍打,使手部皮肤吸收护手霜,达到保湿护肤的效果。

(6) 在冬天要注意少接触冷水。冬天洗完手之后,一定要及时涂上护手霜,并且注意保暖,防止手部干裂和冻疮。

### (二) 手部护理操

1. 甩手腕

双手在胸前快速甩动手腕约10秒钟。能促进手部血液循环。

2. 握开拳

将双手握拳在胸前,用力紧握,默数5个数,用力张开十指。能强健手掌和手腕,使手指灵活。

3. 弹手指

双手十指模拟弹钢琴,从大拇指开始一个一个空弹下去,重复20次。能锻炼手指的控制能力和活动能力。

4. 压手指

将十个手指分开,两掌指腹相对,用力对抗,直到指关节酸胀痛为止,重复10次。能锻炼指关节的韧性和灵活性。

5. 推手掌

双手在胸前合掌,左手腕用力推向右边,保持手掌对合,然后转向左边。能强健手腕,增强手腕或手掌的灵活度。

小叮咛:

教师的双手指甲应该时常清理修剪。指甲内不要有污垢,指甲长度不要超过手指尖,要修剪整齐。

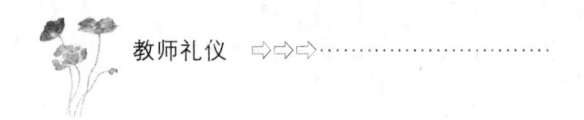

女教师尽量不要用任何闪亮绚丽的指甲油,可以用淡粉色或者透明色指甲油。

### 四、身体的清洁和护理

教师出于工作需要,会经常与学生近距离接触,如指导作业、进行谈话、思想教育等。较近距离的接触需要教师保持身体的洁净,不要因为身体的异味而使学生感到不适。在条件允许的情况下,要做到经常洗澡,并且根据自己的具体情况去除异味。自身整洁干净,才能做到示范榜样的作用。教师可以适当地使用淡香水,对自己来说能增加个人的魅力,对别人来说是一种礼貌。但是不可以用浓烈的香水,日常教学时尽量少些使用香水,若必须要用,可以使用味道清淡清新的香水;浓烈的香水适合参加隆重的晚宴和出席朋友聚会。

教师的整体形象在学生心目中一直是威严、高大、有影响力的。所以教师必须明白自己的形象中任何一个细节都具有影响作用,都具有榜样作用。教师要有意识地树立良好的个人形象,要注意卫生细节,要做到整体形象整洁干净,从头面部直到整个身体,都要完美无瑕。在出门之前,进教室之前,要把散落在肩膀上的头发丝去掉,若有头皮屑也清除干净。教师保持清爽干净的模样,才是学生喜欢的样子。

**小叮咛:**

教师要特别注意口腔卫生。要经常刷牙,保持牙齿洁净,口腔无异味。若有异味,请适当用茶叶、红枣或者花生去除口腔异味。若是因为疾病而导致口腔异味,请及时治疗。保持口气的清新,是基本的礼貌。

## 第二节 教师的妆容

**小故事**

一个三年级的小姑娘在跟她妈妈聊天。妈妈问:"你喜欢新的数学老师吗?"小姑娘说:"我非常喜欢这个老师。"妈妈问为什么,孩子说:"新老师特别的漂亮,她的脸白白的,嘴巴上还有漂亮的口红,我特别爱听她讲课呢。"哦,这样啊,妈妈笑了。

教师职业需要教师有一个良好的职业形象。职业形象的完美也是一种无声的教育资源。教师天天出现在学生面前,学生也希望看到面容亮丽健康的教师形象。学生们由于喜欢教师的美好外在形象,进而会喜欢其所教课程。从美学的角度讲,任何无声但有形的美,总有潜移默化的感染力。倘若教师虽然面部干净,但是脸色暗沉,充满疲惫感,或者说脸色比较差,那么对学生来说,会无意识地分散其注意力。所以,教师应该注意适当化妆,以保证自己看起来精神状态良好。这是对学生的基本礼貌。

## 一、化妆的含义及类型

化妆是指人们运用各种化妆品和化妆工具,采取一定的步骤和技巧,对人体的面部五官及其他部位进行渲染、描画、整理的过程。据此来调整脸部的形色,掩饰缺陷,表现神采,从而达到塑造完美形象、美化视觉感受的目的。化妆能表现出人物独有的美感,能改善甚至塑造人物新的"形""色""质",能增添人们的美感、自信和魅力,这是一种生活的艺术。

化妆是一种历史悠久的美容技术。古代人们在面部和身上涂上各种颜色和油彩,表示神的化身,以此驱魔逐邪,并显示自己的地位和存在。后来这种装扮渐渐变为具有装饰的意味,成为满足人们追求自身魅力的一种手段。

化妆有两种类型。一个是实用妆,一个是艺用妆。实用妆也就是我们生活妆,也叫日常妆,包括晚宴妆。艺用妆主要指舞台妆。

日常妆是常用妆容。它的运用范围最广、最常见。它是指在人们的日常工作、生活和休闲的时候用适当的化妆品和简洁的手法来美化生活中的个人,适用于各种年龄、类型的人。这种化妆的效果以清新、自然、淡雅和适度为主,主要把个人的轮廓、五官做简单的修饰,不能太夸张、浓重,要和整体形象和谐。因为日常妆适用于与他人近距离接触的场所,所以妆容要符合自己的面部轮廓特征,要扬长避短以增添神采魅力,可以突出优点,但并不要求大幅度改变自己原来的面貌。有时由于工作环境的照明条件不同,妆容的浓淡也应有所差别。一般而言,在自然光下,妆容一定要淡些,不可以有太闪亮的眼影、腮红和口红。

教师是真善美的传播者,是学生心目中的榜样,所以应该学会适度地化妆,把完美的形象呈现给学生,以此来熏染学生对美的感受。适度地化妆对别人来说是一种礼貌。

## 二、化妆的原则

1. 化妆的时间地点原则

任何人化妆要注意时间地点原则,因为化妆是私人行为。对教师而言,上班前最好化好妆。若是实在时间不足,尽量在进教室之前化好妆,可以去洗手间或者是个人办公室化妆。注意不可以在公共办公室当着其他同事的面化妆,更不可以在学生面前和教室化妆。倘若因为气色不好,需要补妆,也可以选择去私人办公室或者洗手间进行补妆。在公共场合化妆是失礼的行为。

2. 化妆的适度原则

教师化妆是为了体现个人魅力,表达自信和对他人表达尊重。教师的妆容要遵循适度原则。教师的妆容应该以淡雅、清新为主。不论是口红还是眼影,要色彩淡雅适宜。色彩要匹配,符合色彩搭配原理,不可以过于浓重、夸张。例如前几年社会上流行的烟熏妆,就不适合教师使用。教师带给学生的应该是如春风一般的清爽和淡雅的感觉,既体现教师知性的美,也表现出书香的气质。对于教师而言,大红色的眼影、口红、腮红都不适合教学的场所,而淡粉色、珊瑚色、淡蓝色、淡黄色等,都比较适合教师使用。

## 三、化妆的步骤

化妆是一项技巧,更是一项艺术。化妆的手法和技巧不同,每个人会体现出不同的气质。

我们这里主要了解日常妆的画法。

教师化妆之前先要护理皮肤。也就是我们在洗脸之后涂抹或者轻拍保湿水,然后上保湿乳液、隔离霜,以方便后面上彩妆。彩妆需要备好如下一些基本产品:

粉底液或粉底霜,也可以是BB霜、粉饼,也可以是散粉;眼影、眼线笔、睫毛膏;口红或唇彩。

**具体化妆的步骤:**

第一步:底妆

▶ 化妆之前先要做好护肤基底,要先补水,再上乳液,尽量以向上向外打圈的方式,让肌肤吸收水分保持水润,以保证上妆后自然润泽。

▶ 护肤之后,上隔离霜。依据自己的肤色选择不同颜色的隔离。肤色发红的选择绿色的隔离霜;肤色如果是明显黄色,可以选择紫色的隔离霜;肤色比较自然,可选择自然色。隔离霜能有效地隔离彩妆的影响。

▶ 之后可以上粉底液或BB霜。粉底的作用主要是均匀面部肤色,所以要选择与自己肤色接近的颜色,要注意脸与脖子的衔接处要色泽一致。不管哪一种,最关键的是要涂抹均匀。可以采用五点式涂法,分别为额头、鼻梁、下巴、两腮。用手指轻轻拍匀,一定要拍到发际线周边,不要让脸和发际线之间有明显的界线。鼻翼两侧和眼头也要注意涂匀,要用海绵或者手指拍匀称。

▶ 之后上散粉或者粉饼。用粉扑上妆,会略显厚重,可以用粉刷。用粉刷沾取适量散粉,在脸上以打圈的方式,依次从额头、鼻梁、两腮、嘴角下巴扫过去,注意鼻翼两侧和嘴角两侧也要清扫,防止脱妆。

第二步:眉毛

画眉毛前,可以适当地修理眉毛,尽量把眉型以外的杂毛和眼皮上方杂乱的部分去掉。画之前,可以先轻描出需要的眉形框,然后往里慢慢填充颜色。眉毛最重要的是型,我们可以根据自己的脸型和流行趋势适当变化。画眉重点是眉峰颜色重,眉头颜色一定要清淡。眉毛不可以画太细,否则有年龄感。因为是日常妆,所以我们用眉粉来修饰眉毛。可以选择比眉色浅一号的眉粉,利用眉刷从眉头至眉尾顺向刷过,按照原有的眉形或者修饰好的眉型,淡淡描画,眉毛的颜色要与发色协调一致。目前最适合我们大部分人的眉粉(眉笔)颜色是深灰色,尽量不要选择纯黑色,因为那样会显得眉毛太突出而破坏整体脸部色彩的和谐感。

**小技巧:**

眉毛过于稀少的女生可以利用睫毛膏来达到丰满自然的效果,但要记住睫毛膏的量不要过多,刷的时候睫毛刷上略带一点点睫毛膏即可,顺着睫毛生长的方向轻刷而过。

第三步:眼睛

人的眼睛传情达意,所以眼妆很重要。若眼睛缺乏神采,可以适当画眼线和眼影,也可以采取少量涂抹的方式来提亮眼神。眼部化妆强调的是眼影和眼线。先用眼影刷粘少许眼影粉,涂于整个眼窝处;然后使用同色系较深的颜色在刚才二分之一处叠加晕开;最后在靠近睫毛根部的地方涂上最深的眼影,这样可以体现眼影的层次感,加强眼部的深邃感。

之后用黑色眼线笔沿着睫毛根部从眼头到眼尾慢慢画线。根据自己眼睛的大小画出合适的粗细眼线,眼尾超出一点即可。然后用棉花棒或细小的眼影刷轻轻晕开,看起来效果更加自然;如果睫毛浓密可以省略眼线,只在眼尾扫些眼线。

**小技巧:**

为了使眼线看起来更自然,一定不要露出上眼白,也就是睫毛根下方那条白,要用眼线涂实,把头仰起来或者用手指向上撑一下眼皮更容易画。

第四步:睫毛

清亮的眼神需要纤长卷翘的睫毛陪衬。想让眼睛看起来更有神采,可以使用睫毛膏。刷睫毛膏之前,可以先用睫毛夹把睫毛夹一下,从内而外使睫毛呈现自然卷翘的样子;之后用白色膏刷以 Z 字形从睫毛根部向外刷出一根一根的加密加长效果,等白色睫毛膏稍微干一会,再用黑色膏刷以 Z 字形刷一遍。若有粘连,可以用睫毛梳分开。根根分明的睫毛会使眼睛显得清澈。

第五步：腮红

红润的面颊显得健康有精神。所以，日常妆容定妆可以在面部微笑肌上面扫上腮红，这既可以定妆，也能使整个脸部显得健康自然。

具体的步骤：面对镜子微笑，找到脸部最突出的颧骨部分，根据脸的形状来用腮红刷扫。如果是瘦长脸，想显胖可以横着扫腮红，即从颧骨到耳朵旁边；如果是方形脸，要想显得圆润一点，可以从颧骨向太阳穴的方向轻轻扫过。要注意的是腮红用量一定要少，要做到少量多次地用。

第六步：唇部

自然润泽的唇部体现一个人的健康度。作为教师要时常讲话，必然要保持唇部的清爽润泽，体现出健康的唇色。倘若唇部干裂暗淡，会给学生造成不够健康的感觉，教师可以适当运用唇膏或者口红来做一个调适。可以根据自己的年龄特征、服装色彩、唇部色彩、眼影色彩来选择合适的唇膏。其中唇膏若是口红为主，尽量选择与自己的服装颜色协调一致。一般而言，年轻女教师选择口红颜色可以浅淡，如淡粉红、浅红色、橘红色等，而年纪较大的女教师可选择较为深重的颜色，如较深的红色、玫瑰色或者本色，以体现庄重的感觉。

**小提醒：**

口红请尽量不要用怪异的颜色。如深紫色、绿色、金色等不同寻常的颜色。可以选择唇膏、唇彩、唇蜜来搭配使用。

总体而言，教师的妆容与其个人的影响力和魅力有关，教师需要学会适度地化妆，要懂得一定的化妆技巧。整体妆容以清新淡雅为主，这可以表现出个人的品位和修养，但不要过分妖艳和浓重。

## 四、男教师的修饰

相对于女教师而言，男教师似乎没有什么妆容可言，可实际上，男教师的外在形象也影响着学生对于审美的需求，影响着学生的注意力。男教师不像女教师那样可以真正在脸部化妆，但是只要出现在公众面前的任何人，都会涉及化妆问题。男教师的任何一种美化修饰，比如洗脸、刮胡子、理发等，也都属于广义化妆的范围。男教师修饰的重点应该在于面部皮肤、眼睛、口腔、耳朵、胡须几处。

1. 面部的护理

男教师应该做到脸部清洁干净。可以根据自己的皮肤性质，选择适合自己的清洁产品，可以用香皂或洗面奶。在进入教室之前要保证脸部没有污垢。若有需要，可以适量涂抹护肤防晒用品。

2. 眼睛的明亮

眼睛是心灵的窗户。教师会经常关注学生,面对学生,眼睛的状态会被学生注意到。所以,教师应该保持眼睛的清亮、洁净。要注意内眼角和外眼角是否有眼屎,洗脸时要注意清洗掉。尽量不要熬夜,以免有红血丝或者黑眼圈。不太健康的眼睛会影响学生的注意力。若是佩戴近视镜,要及时擦拭眼镜,保证眼镜片和镜架的干净。眉毛适度修剪,去掉太长的眉毛和眼皮上方的杂毛,保证眼神清亮有神。室内不可以佩戴墨镜,若有眼疾,适当远离学生。

3. 口腔的清新

说话是教师的常态,所以,口腔应该注意卫生。男教师尽量不要吸烟,以防止烟味太重。与学生讲话前,尽量避免吃味道重的食物,如大葱、蒜、韭菜等。若食用过,可以及时用茶叶、红枣、花生米或者口香糖去除异味。同时,牙齿也要保持洁净,用正确的刷牙方式,可以有效去除口腔异味。请注意去除牙齿上的食物残留,饭后要及时漱口,不要出现牙缝间有绿色的菜叶子等问题。若是因为疾病原因有口气问题,要及时医治。要做到与学生授课或谈话时,不要因为口腔问题而使学生厌恶远离。

4. 耳朵的清洁

洗脸时应该一起清洗耳廓部分,因为耳廓是容易被忽略的部位。要定期清理耳孔内分泌物,若要清理,请避免在课堂上有这样的举止。

5. 鼻部的修饰

洗脸时应该清洁鼻孔。鼻部常见的问题是,男教师有些鼻毛较长,建议适时修剪,保证鼻子干净。若是有鼻涕,应该及时在卫生间清理,不可以当别人面擤鼻涕,挖鼻孔。要避免处理鼻涕声音太大。若是因为生病而鼻涕不止,应该及时治疗。要经常携带手帕或者纸巾,清理鼻部后废纸要扔到垃圾桶里,不可随意乱扔。

6. 胡须的修理

男教师要经常刮胡子,保证面部整体清爽洁净。若有特殊需要必须留胡须,要梳理整齐,以不妨碍授课为主。不可以胡子拉碴地出现在学生面前,这会让学生怀疑教师的精神状态和情感问题。

7. 头发的修饰

男教师的头发,尽量保持本色。不可以挑染成彩色或者修剪成其他古怪发型。头发的长度要做到:前不覆额,中不覆耳,后不覆领,要尽量短小精干。如若是艺术教师,头发则应该束起来,不可披头散发。请一定避免油腻和有异味的头发。

8. 身体卫生的清洁

要经常洗澡,保持身体卫生,身上不要有异味。若因疾病原因导致异味,及时治疗。也可以适当喷洒男士香水,但不可以太浓烈。

## 五、教师化妆注意事项

▶女教师不要化浓妆,不要化成大黑眼圈。口红不要太重,不要用奇怪的颜色。

▶女教师头发刘海不要遮盖脸部,不要挑染花哨的颜色,不要太大波浪,尽量束起来或盘起来。

▶女教师不要使用过度浓烈的香水。

▶女教师不要用黑色、大红色、蓝色、紫色等色彩浓度高且怪异的指甲油,可以用透明色或淡粉色指甲油。

▶男教师要保持指甲适度长度,保持指缝洁净。

▶男女教师都要保持口气清新,牙齿洁净。

### 思考与讨论

1. 教师为什么要适度化妆?
2. 化妆的基本原则是什么?
3. 与同学回忆那些初次见面的教师,说一说当时的整体感受,她(他)对现在的你有何影响?

# 第三章
# 教师的服饰礼仪

> 即使我们沉默不语,我们的衣裳与体态也会泄露我们过去的经历。
>
> ——莎士比亚

**本章提示**:服饰是一个人整体形象塑造的重点。当一个人出现在别人面前时,即使还没有被看清楚面部,但是整体服饰风格和体态,也会让他人有一个初步的印象。服饰的色彩和款式与个人体型的契合度,会透露出个人的品位、修养,更会展示出其他社会信息,如文化程度、职业、社会地位等。教师从事着育人的职业,职业特点要求教师整体风貌要具备知性、雅致、端庄甚至理性特征。所以,教师的服饰穿搭风格是体现个人整体风貌的重要环节。教师的服饰穿搭风格也会潜移默化地影响学生,影响到学生的审美能力和审美品位。男女教师的服饰该如何穿搭,如何运用搭配原理体现个人风格,这是本章的重点。

服饰搭配

简单地说,服饰是指一个人的服装穿着和饰品佩戴。玛丽琳·霍恩曾说:"服饰是人的第二皮肤。"服饰是一种无声的语言,它可以反映出一个人的身份、地位、文化素质、审美情趣以及生活态度等。

人类的服装早已脱离了最初的保暖和遮羞功能。服装更多地体现了新时代的审美功能、赞赏功能。当生产力提高到一定程度,保证了人类基本的生存后,服装的其他功能就凸显出来。同时,饰品也由最初的胜利意味逐渐有了获得别人赞赏和欣赏的功能。二者最终的组合,体现了人类服饰文明的发展与进步。在现代社会,服饰的穿着和搭配已经是人们生活的基本样貌。同时服饰的选择与搭配会体现出人们自身的个性特点,包括自身条件、艺术修养、兴趣爱好,以及所处社会环境、社会角色等。教师职业是一个光辉的职业,教师扮演着令人期待的社会角色,所以教师的穿着打扮有着举足轻重的作用。教师的衣着整洁、典雅、大方得体具有潜移默化的影响力量。任何学生都喜欢看到教师上课时庄重、雅致大方、衣着得体。爱美之心人皆有之。如果教师不修边幅、衣冠不洁、蓬头垢面,这会令学生产生抵触甚至轻视的心理,对学生的审美发展不利。同样道理,教师的着装过于脱离时代,保守土气,也会让学生觉得教师思想保守、精神不振;但是倘若太过时髦和前卫的着装,也会给学生带来视觉冲击,会分散学生上课的注意力,比如时下流行的破洞牛仔裤就不适合教师穿着。所以,教师的服饰搭配应该体现大方得体、文雅庄重的感觉。既不呆板又不夸张,要以大方庄重为基调,格调适宜,款式简洁,这才能衬托出教师文质彬彬的气质,又与教师含蓄雅致的审美情趣相统一,同时还能够体现出教师的审美追求和道德情操。

## 第一节 服饰着装原则

对于教师而言,服饰穿着的最高境界是创造出自己的个性风格,并与环境和谐。当然,并非每位教师都会找到适合自己的、独特的服饰风格。由于每个人形体、样貌、气质不同,同样的服饰会带来不同的感受。所以,要想找到自身风格,恰到好处地表现自我,获得服饰的和谐美,需要教师学习最基本的服饰搭配知识和原理,这样才能穿出风格,体现品位。教师的服饰搭配需要注意以下几个原则:

### 一、着装的"TPO"原则

"TPO"原则是国际公认的服饰搭配原则。其中,"TPO"是英文中的 Time(时间)、Place(地点)、Object(目的、对象)的缩写。它的意思是指人们在穿着打扮时，要考虑所处地点和场合，考虑时间，考虑活动内容，然后做出相应的服饰搭配。要注意因时、因地、因事而异。在社会场景中，如果参加婚宴时，着装要喜庆，配饰要靓丽，不要过于素淡；若是出席晚宴，要穿合适的礼服，配饰可以隆重些；若是外出旅游，要穿着轻便服装。作为教师，出现在学校和学生面前的时间最长，所以要考虑学校场景中，不同时间，不同活动，该如何穿搭不同的着装。

### (一) 关于时间

时间主要是指穿着搭配要考虑到早晚、季节和时代。一天中早晚会有温差的变化，如果处在温差大的地区，早晚需要多加衣服；一年中也有季节的变化，如果季节不同，也要因时而变。各个季节要有不同服装，除去独特的热带地区，教师的着装要符合保暖适度原则，在有风度的同时也要有温度。同时也要符合时代的特征，不要穿着过于古板和保守。

### (二) 关于场合

场合是指地方、位置、地点的意思。教师在校内要穿着得体、简洁，色彩要搭配合理，不要太素雅暗淡，也不要过于视觉刺激强烈，要与所处的校园环境有和谐感。课堂上的着装要大方合体，不要太过臃肿或者过于裸露，也不可以过长或者过短，要以不影响学生的视觉为基本要素。

### (三) 关于目的和对象

人们的服饰搭配主要是为了体现自己的特色，同时要获得别人的欣赏和认可，所以服饰不可以随意。教师若出席严肃场合，可以穿着服装颜色略微深重，如深蓝色、藏蓝色，甚至黑色，以显示慎重之意。切不可使用过于轻快的粉色、黄色、绿色、橘色等，浅色服装会显得与严肃场合格格不入；若是出席喜庆、表彰、晚宴等活动时，可以穿着靓丽、鲜艳、前卫的服饰。从学生角度考虑，年龄较小的学生喜欢女教师穿着鲜艳的服饰，但不能太夸张。而年龄较大的学生，则倾向于欣赏雅致的服饰。教师应该根据自己所接触的学生和参与的活动目的与对象不同，来精心选择服饰。精心的服饰搭配也是个人表达尊重的体现。

## 二、和谐性原则

任何人的服饰整体要体现出和谐的感觉，才符合礼仪标准。和谐意味着服饰不可以让人侧目咋舌，更不可以让他人看起来心情灰暗。得体的服饰应该让人看起来赏心悦目，即使不那么华贵，也让人感到心里舒服，甚至有温暖向上的感觉。

著名作家冰心先生曾说过:"美的真谛应该是和谐。这种和谐体现在人身上,就造就了人的美;表现在物上,就造就了物的美;融汇在环境中,就造就了环境的美。"教师的整体形象也是校园环境的一部分,要有和谐意识。

和谐性要从以下三个角度来衡量:

### (一) 要符合自身形体特征

每个人由于先天遗传特征不同,具有各自不同的脸型、体型、身高、发色、肤色等。所以,教师要学会根据自身条件出发来选择合适自己的服饰。如果不化妆,脸色比较黄的人,避免穿绿色和橘黄色服装,以免显得肤色更加暗黄;若是化过妆,有粉底的遮盖,则可以穿很多种颜色。总之,选择服装只要遵循一个最基本原则,就可以避免很多问题,那就是"合体"。先合体,再得体。合体要求服装符合自己的身材体形,扬长避短;得体要求的是服饰要体现和谐的美感,要看起来顺眼。

### (二) 要符合自身年龄特征

年龄在当今社会是个隐私性话题。不问别人年龄也已经是国际惯例。但毕竟每个人的年龄感是存在的。到一定年龄,就要有一定年龄的服饰搭配。教师在选择服装配饰时,要考虑自身的年龄特征。年轻的教师,因为朝气蓬勃,可以选择颜色亮丽、较为时尚的服饰,这可以体现出教师的热情与活力。但是不可以过于前卫,例如时尚流行的破洞牛仔裤、紧身上衣等尽量不要穿着。当然过于老旧和落伍的服饰,也尽量避免穿着。时代在进步,学生的审美也与时俱进。较为年长的教师,请尽量选择颜色较为深重的服饰,这会体现出端庄、稳重的感觉。如果是太过

**教师服饰符合自身年龄特征**

于时尚和轻快的颜色,会不符合年龄感,会让学生有不适的感觉。不同年龄的教师,也可以选择不同的款式和面料。年轻的教师,可以选择较为轻柔的服饰面料,款式可以时尚,但不可以太薄、太露、太透。而年长的教师,则可以选择较为有质感和笔挺的面料,款式可以较为含蓄,这也是职业素养的体现。

### (三)要符合所处环境特点

教师既肩负着传道授业的重任,也作为一名普通成员生活在这个世界上。不管以什么身份工作或者生活,穿着要符合所处的场所,要与环境相和谐。就教师角色而言,要求教师在学校范围内的穿着符合学校环境。学校优美的环境往往具有育人的作用,教师的穿着要与环境相宜,既不可以太夸张,也不可以太守旧,不管是色彩方面还是款式造型,都要让自己成为学校的一道和谐的风景,与学校的风景有融于一体的感觉,而不是成为突兀的吸睛目标。比如,在有书法的氛围校园场景中,教师穿着就可以较为典雅和传统,颜色以素净为主,款式简单合体就好。若是教师穿着过于时尚、前卫、夸张就破坏了和谐的氛围。若是学校有体育特色,那么运动型、轻便型的着装就显得比较融于环境。当然,所有的正装和套装都是可以在校园中穿着,这会显得更加正式和规范,也能体现学校的严谨和学术氛围。总之,任何人以不同身份和角色出现的时候,着装一定要符合所处场合,这便是基本礼貌。

## 三、整洁性原则

服装的穿着和配饰的使用,是能够体现出每个人的个性、生活习惯和某些审美素养的。服饰的作用是综合性的。不管什么样的服饰搭配,总会给别人留下或好或差的印象。作为教师,留给学生基本的好印象是顺利教学的一个条件。要留下好印象,教师应该具备的基本条件就是服饰整体要干净、整洁。服饰干净整洁意味着教师是一位一丝不苟、严谨而认真的人;意味着是一位懂得尊重学生、顾及他人感受的人。作为学生而言,看到教师的着装干净整洁,大多会无意识地模仿,也会自然而然亲近教师,这对学生个人的发展会有良性影响。学生谁都不会愿意看到教师衣冠不整,衣着有污垢、有破损的样子。倘若教师胡子拉碴、蓬头垢面,衣着邋遢、衣着老旧地走上讲台,这会分散学生的注意力,会导致学生各种心理猜测而不注意听讲。作为教师保证自己形象的完好得体,是教师礼仪的基本要求。

孔子曾在《论语·尧曰》说:"君子正其衣冠,尊其瞻视,俨然人望而畏之,斯不亦威而不猛乎?"这就是说,教师的衣着得体雅致,会让人产生敬畏之心,有利于树立教师的威信。教师威信的树立和尊严的获得,确实与教师整体衣着形象有很大关系。所以教师不管在什么场合,都要保持衣着干净整洁,要熨烫平整,要去掉褶

皱,去掉污损之处。总之,服饰的穿着要符合时间、场所、个人特质等因素,要做到合体,得体就是最好的礼貌。

## 第二节 女教师的服饰礼仪

我国的中小学基础教育中,女教师所占人数比例相对较大,所以女教师的影响更为显著。尤其是女教师的外在形象,对于学生的审美能力发展有很大程度的影响。女教师要充分发挥个人的积极影响,树立良好的榜样作用,要从注重自己的外在着装入手;女教师的服饰穿着和搭配既要符合教师职业要求,也要符合时代要求。不可以太过于守旧落伍,也不可以太过于时尚奢侈,要能突出个性特色,也要符合大众的基本审美。

### 一、服装类别

女教师在国内教师群体中所占比重较大,所以,她们的服饰穿着,影响更为久远。不管是正装还是休闲装,都是女教师可以选择的穿着方式。

参考世界服装的分类标准,同时按照出席的场合,服装可以分为以下几种类别:

#### (一) 职业类服装

主要指适合工作场合穿着的服饰。这里的职场包括严肃职场和非严肃职场。

严肃职场:主要包括正式商务场合。严肃职场要求员工表现出思维冷静、严谨细致的形象。

非严肃职场:主要包括一般的工作场所。要求员工体现出职场的职业感,同时兼具亲和力,并且表现友好的、开放的、互相尊重的、思路清晰的形象。

#### (二) 休闲类服装

主要指适合生活、旅游、出行、运动穿着的服饰。分别是:

时尚休闲:服饰较为靓丽,适用于出席一些朋友聚会的着装。

家居休闲:家居服装,较为宽松随意,主要在家中穿着。

运动休闲:适用于运动场所的服装,也是运动时的着装。

## （三）正式社交类服装

这类服装适合参加晚宴、活动派对。整体大气、奢华，有格调。

一般分为：

午服：称下午服或略礼服，特指白天外出做正式拜会访问时穿着的服装。

小礼服：又称准礼服或鸡尾酒会服，介于午服与大礼服之间，比大礼服简略。注重场合、气氛。

大礼服：又称晚礼服、舞会服，是女士正式礼服的最高档次，是最具特色，充分展示个性身材的礼服。

## 二、适合女教师的服装

教育是育人的场所，要求教师既要严肃，又要有亲和力；既要传递知识，又要塑造心灵。所以，教师的着装就不同于非常正式的严肃场所的冷静和呆板，也不要过于随意和休闲，教师的着装介于正装和休闲装之间。教师的着装既要有严肃的一面，也要有平易近人的一面。所以，女教师在学校中要注意如下穿着建议：

### （一）职业服装

在学校中，凡是有重大学校庆典、庆祝、会议等大型活动时，女教师应该穿着正式服装。正式服装包括职业套装、职业套裙、连衣裙、两件套裙等。

这几类服装中，女教师要考虑的是每一种服装的颜色和面料，要注意与出席场合的和谐性，要塑造出典雅知性的女教师形象。

1. 服装颜色的选择

职业套装、套裙的颜色尽量以黑色、藏青色、深蓝色、灰色或暗色系为主。越是严肃的场合，越需要穿着深色服装。而比较轻松的场合，如班会、毕业年会、座谈会、家长会等，教师的服装可以选择较为靓丽鲜艳的色彩，因时穿着合适的服装。当然，教师的年龄、肤色、身材也是需要考虑的因素。

教师职业装

2. 服装质地的选择

对于正式场合所穿着的职业服装而言,尽量选择服装色泽、质地一致的上下装。套装上装和下装应该是同样面料和颜色,或者是同一个品牌和风格,尽量不要混搭,不可以一个颜色质地的上衣,搭配另一个颜色质地的下装。更需要注意的是,服装的面料要符合年龄,符合当地习俗。比如,北方地区的人喜欢有质感的毛料,硬挺的其他面料,看起来挺括而板正。南方人由于气候原因,比较喜欢轻柔的真丝类、纯棉类服装,看起来比较飘逸和柔和。不管哪一种风格,尽量是符合当地和当时的场合为好。若是参加较为轻松的场合,服装的质地可以较为轻柔随意些,上下装可以是混搭风格。尤其现在的服饰搭配更趋于国际化风格,混搭已经是不可阻挡。

(二)休闲服装

女教师在工作之余,会参加一些其他的较为轻松的活动,比如学校的各类晚会、同事的聚会、师生春游秋游、班级其他轻松的活动。这些活动要求女教师着装轻松、休闲。既体现女教师的职业特点,也要更多体现活动的轻松愉快,这些场合尽量不要穿着正式的套装,要穿着颜色较为鲜亮的时尚服装,如红色、橘色、蓝色、绿色、白色等。服装的颜色可以是多样的,同样服装款式也是自由的,不必太过于正统。无论真丝面料,还是化纤面料,只要适合自己和场所,都可以穿着。这要求女教师具备一定的搭配功底和审美品位。

教师休闲服装

一般而言,年轻女教师的休闲服装颜色和风格款式会比较多样化、时尚化。而年长的女教师服装的颜色比较深重,款式会比较单一,这也是符合年龄特征要求的。

不管是哪类服装,作为教师而言,服装的合体和得体,与环境的相宜程度是最需要注意的。

### 三、女教师着装的礼仪与禁忌

#### (一)关于职业正装的礼仪与禁忌

▶ 职业装尽量上下装色泽质地一致,不可以混搭。做工要精良、细致。
▶ 服装要熨烫整洁,不可以皱皱巴巴,更不可以有污垢。
▶ 搭配的衬衫要保持领子部位干净平整。
▶ 衬衣的搭配要合身,不要与外衣有色差。
▶ 穿职业套裙,必须穿长筒丝袜。长筒丝袜的袜边要高于套裙的边缘,不可以露出部分皮肤,袜子不可以有任何破洞,否则会影响个人形象。
▶ 与职业套装相伴的是包脚趾的高跟鞋。尽量以黑色为主,偶尔会用白色,其他颜色不太合适。高跟鞋高度在3~5厘米较为合适,过高的鞋子和过重的鞋跟声音不合适安静的校园。
▶ 配饰可以是耳钉、项链、丝巾、胸花、手表、发饰等。尽量不戴各种手镯和戒指,那会吸引学生的注意力。配饰可以选择一两样佩戴,颜色材质要搭配好,不可以佩戴过多饰品。
▶ 如配合正装服饰,女教师的头发要尽量盘起或束起。发型和发饰要简约,不要过于耀眼。正装需要体现教师干练的感觉。
▶ 为了体现服饰的整体美感,女教师要适度化妆。妆容与服饰颜色相搭配,可以运用色彩呼应原理。

#### (二)关于休闲服装的礼仪与禁忌

▶ 服装色彩可以鲜艳亮丽,但要符合色彩搭配原理。
▶ 休闲服装要有领子或者袖子,显得端庄。
▶ 若是连衣裙,可搭配开衫。不可以大面积的脖子、胸部和手臂裸露在外,对于教师而言,书写和面对学生时会很不方便。
▶ 若是穿着牛仔裤,不可以穿破洞牛仔裤。过于时尚不合适教师职业。
▶ 混搭的服装要合理,不夸张。叠穿不可以过多,更不要另类。
▶ 流行风格要适当。如寒冷的冬季不露出脚踝骨,不露出半截大腿,要注意尺度/分寸，以免带来诸多不良影响。要懂得合理运用取舍，不盲目跟从，要清醒地认识到自己的职业示范性。

▶ 服装的配饰尽量不要超过三种，要合理佩戴。如项链、耳环可以同时佩戴，但不要同时再佩戴发饰、发箍。出席晚宴尽量佩戴同质同色成套的首饰。

▶ 出席休闲活动，头发的颜色和发型要与服饰相宜。

▶ 服饰穿搭要扬长避短。突出优点，体现知性、雅致、得体的一面。

### （三）所有服装穿着的禁忌

#### 1. 忌"紧"

太过于紧身的服装，尽量不要选择。有些女教师的身材较为丰满，想穿出苗条的感觉，穿着紧绷的服装，甚至会暴露出内衣的轮廓，非常不雅观，影响教师的端庄美。所以，要穿稍微宽松的服装，这样会不显身材的轮廓，会比较得体。同时太紧的服装会影响身体的健康，妨碍呼吸，妨碍书写动作，也会分散学生的注意力。

#### 2. 忌："露"

女教师的服装应该端庄得体，不可以太过于暴露。暴露指的是不要大面积露出胸部、腋窝、腿部、腰部等。服装面料不可以太过于稀薄，过短的超短裙和吊带背心不可以直接穿。职业套裙要求裙子高度在膝盖部位上下十厘米，不可以太短或者太长。服装面料的选择尽量要有质感，不可以透视，透视装会影响教师的职业形象。

#### 3. 忌："乱"

现代的时尚界喜欢混搭服装，但是教师职业的着装必须协调素雅。混搭是指不同的服装颜色、面料、款式相搭配穿着。混搭需要个人有足够的时尚审美能力，若是搭配不协调，就会造成穿着"乱"的感觉。当然，有人是不经意间混穿，也造成了"乱"，尽量要符合搭配原则，才会多而不乱。比如，身上服装颜色不要太过于对比强烈，如上衣大面积的红色，配下装的绿色，或者鞋子的颜色黄色；图案上衣圆点，下衣条纹等。

#### 4. 忌："旧"

有些女教师出于朴素的心理，长年累月只穿一套衣服，一件上衣，一条裤子，甚至一双皮鞋，直到这些服装穿了十几年，甚至打了补丁，也不舍得换掉。这样的穿着方式对自己而言体现了朴素精神，但是对学生和同事而言，适当的美丽对他人而言是一种尊重。穿了许多年的服装不换，会带给别人守旧、古板的印象，不符合新时代教师的职业素养要求。所以，适当地替换服装，是一种礼貌，也是职业要求。

5. 忌:"怪"

女教师的服饰要充分体现示范的作用,不可以太怪异。比如,不符合常理的冬衣夏穿,或者夏衣冬穿;服装太过于另类、夸张、前卫;或者充满了所谓的朋克风、洛克风等,不论哪种穿着风格,都要符合当时当地的审美,这才是教师应该有的风格。穿着怪异会减弱教师的权威性和品位感,更不利于教育对象的审美发展。

女教师的着装不光是为了突出个性、体现魅力,更重要的是它具有潜在的影响力和示范性,所以女教师着装搭配一定要慎重。

## 第三节　男教师的服饰礼仪

### 小故事

小宇是个四年级的淘气男孩子,平时不注意卫生,整天灰头土脸,小脸小手总是脏兮兮的。他经常被妈妈唠叨和批评。新学期开始后,班级迎来一位帅气阳光的男教师。男教师除了课堂上知识渊博、和蔼可亲外,平时总是穿戴整齐,干净利落,头发一丝不苟,文静的金丝眼镜加上灿烂的笑容,显得男教师神采奕奕。一天,小宇上课迟到了,他晃着小花猫似的小脸,气喘吁吁地跑到教室,男教师没有说什么,只是用手轻轻摸了下这个小花脸,笑了笑,然后让小宇回到座位上去,小宇感觉到了教师的友善。这件事情以后,小宇开始注意观察男教师的行为举止和穿着打扮,渐渐地小宇开始主动洗脸、刷牙了。每天出门前还不忘看看自己的小脸洗干净没有,衣服穿整齐没有。到了学期末,小宇已经是一个爱讲卫生、懂礼貌、穿戴整洁的孩子了。

男教师在中小学教育中所占比重较少。但是,男教师由于性别优势所带来的积极影响不可忽视。一个形象阳光、服饰整洁的男教师,对学生的影响会比较深远;而一个邋遢且不修边幅的男教师,也会造成诸多不良影响,所以男教师的服饰穿搭也需要重视起来。

根据场所分类,男教师的服装可分为职业服装和社交服装。

职业服装是指适用于工作场所的服装。它体现工作人员的严谨和细致的工作态度,体现单位的文化。我国教师行业暂时没有统一的职业装。

社交服装指与他人交往时的服装。包括正式的社交服装、非正式的休闲类服装。

男士正式的社交服装包括西装、中山装、民族服装、夹克装。

非正式社交服装种类多样，风格多样，这里不一一赘述。

西装是世界公认的通用正式礼服，所以本节着重了解男士西装的穿着礼仪。

### 一、西装的穿着礼仪

教师在工作期间会出席一些重要场合，比如参加大型学术会议、国际研讨会、开学典礼、评课比赛等，生活中也会出席其他的重要场合，比如亲朋间的重要喜庆时刻等，凡是出席重要场合，应该注重场合着装。

西装是世界公认的适用于正式场合的礼服，会不会穿着西装，西装穿着是否符合礼仪，关系到一个人的整体形象，也会传递出一个人的品位和素养，所以作为为人师表的教师，有必要了解西装的穿着礼仪。

**男教师服饰**

#### （一）西装的选择

男士的西装要穿着得体，必须学会选择合适的西装。

第一，要从颜色入手。凡是重要场合，西装的颜色要深重。西装的颜色越深，代表场合越隆重，同时代表个人的权威感越重。西装的颜色，按照隆重程度递减，分别可以是黑色、藏青色、深灰色、浅灰色。其他颜色适合轻松休闲的场合。

第二，要从长度入手。选择合身的西装，要考虑西装的长度。

第三，看西装的质地。一般而言，重要场合穿着西装，除了合身外，还要注意西装的材质。最合适的材质是毛料。一般羊毛的西装质感强，笔挺、色泽柔和，是最佳选择。当然，其他面料也可以选择，要看出现的场合和参与的活动而定。隆重而正式的场合，西装面料要有质感。其他休闲娱乐聚会的场合，可以选择时尚的款式和面料。

第四，选西装的款式。西装是世界公认的男士最正规的礼服，款式也有讲究。西装的款式基本分为单排扣西装和双排扣西装。一般而言，单排扣的西装显得正式和严谨，而双排扣的西装显得较为时尚。身材高大匀称的男士选择两种款式，会

有不同的感觉。身材比较胖或矮的男士,尽量不要选择双排扣的西装。不管哪种款式,都要根据自己的需求来选择。

1. 西装上装

第一步看肩膀部位,肩膀部位要贴着整个肩背部。肩线的位置正好在肩膀的边缘,不妨碍胳膊的前伸为好。

第二步是看袖口的长度,袖口的长度是手臂下垂时在手腕的底端,靠近大拇指根部为最佳位置,太长盖住手腕或者大拇指部分,会显得不精神或者显得胳膊短。

第三步看上衣的下摆位置。下摆要过臀部,在臀围线的位置比较合适,最好在臀围线上一厘米为最佳。下摆高于臀围线以上太多,则上衣显得太短,太短则显得身材比例不协调,若是下摆低于臀围线过多,会显得上衣太长,又会显得腿短。所以,合适的下摆位置会影响到整体的身高感觉。若是实在无法选定长度,可以多试几个相邻的型号。

**西装上装**

2. 西裤

西裤的长度一般是在鞋面上,以不打褶子为最佳。但是一般而言,由于男士身高比重比例不同,无法做到像模特一样的穿着,所以西裤一般会比较长,需要找专业裁缝修剪。我们只需要选好合适的腰围就可以。腰围选平时的号码,穿好后,臀部曲线轮廓比较清晰就可以,不可以太紧绷,会显得不够得体;也不要太松垮,会显得没精神。

裤脚在鞋面的位置如何做到不打褶子呢?这需要在请人修改裤长时,告诉对方,要斜裁裤脚。裤脚前面短,后面长,前面的裤脚到鞋底是五厘米,后面的裤脚到鞋底是一厘米就可以。这样的西裤看起来笔直修长,有助于体现良好的身材。不修剪长度,会在脚面上有很多褶皱,会影响整体形象。

### (二) 西装的穿着方式

1. 要穿成套的西装

出席正式场合的时候，要穿着成套的西装。即颜色、材质是一整套的西装才合乎礼仪。正式的场合，成套的西装表达了对别人的尊重和礼貌。不可以上装与下装是不同的材质和颜色。只有在其他休闲的非正式场合才可以混搭。当然，混搭的西装也需要个人有一定的品位和审美能力，不是所有的混搭都是美的。

同时，新西装要去掉袖口的商标。要保证西装整体的干净素净，穿着之前要注意熨烫平整，不要有折痕和污垢。

2. 要穿合适的衬衫

穿西装的必备内搭是衬衫，尤其是白色衬衫，白色是百搭色。正式场合选择白色衬衫为最佳，其他淡蓝色、浅灰色、浅棕色等都适合比较轻松的正式场合。有人认为西装内也可以混搭羊毛衫，但是，为保证西装的挺括板正，建议尽量不要穿毛衣类内搭。若是因为天气原因，需要保暖，可以搭配低领羊毛衫或者V领毛衫，以只见衬衫，不见毛衫为好。

衬衫的选择要符合国际西装的穿着礼仪。首先，衬衫的领子要平直硬朗，领口最上方的扣子扣上后，不可以太紧或者太松，以能伸进一根手指的宽度为合适。领口的高度要比西装领口高出一到两厘米为好，目的是保护西装的领口不容易磨损变脏。其次，衬衫的袖口长度要在手臂抬起来时，露出西装袖口一到两厘米的长度，也是出于保护袖口不会磨损。衬衣可以天天换洗，而西装不是每天都换洗的。普通衬衫适合很多一般场合，而正式场合所用的白色衬衫，必须是有袖扣的衬衫。袖扣也是男士为数不多的小装饰之一。

衬衣的下摆要放入腰围。西方比较传统的做法是搭配西装马甲，马甲可以很好地遮盖住腰围的接缝处，这也是一种适当的礼貌。

3. 要搭配颜色适宜的领带

领带的重要性如同女性的化妆。领带的运用得体与否，影响着他人对自身身份、地位、个性、能力等的判断。穿西装一定要打领带，尤其是出席正式的场合。

（1）关于领带的颜色

由于西装的颜色都比较深，而衬衫颜色较浅，所以领带的颜色可以与西装颜色成对比，也可以是顺色。同样领带可以与衬衫颜色有对比和深浅的差别，这样颜色之间有差异，有利于突出西装的风格和品位。领带虽然是小配件，却起着衬托的作用。领带的颜色可以是多样的，需要按照场合来选择。正式而且严肃的场合，领带颜色可以是冷色调为主，蓝色、紫色、灰色都可以，黑色大多是领结，适用于燕尾服；

喜庆的场合可以选择红色系列或者其他亮色。总之,领带的颜色要与西装上衣或者衬衫有颜色差异为好。

(2) 关于领带的材质

领带的材质有多种面料,有真丝、仿真丝、棉涤、化纤等。公认较好的是真丝面料,这样材质的领带有自然的光泽,方便打理成型。其他材质也可以选择,质量较差的、有破损和污垢的、不平整的请不要佩戴。

(3) 关于领带的图案

领带的图案也是需要选择的。一般而言,素色领带和有图案的领带都可以选择。条纹、圆点、方格等规则的几何形状为主要图案的领带会显得个人气质儒雅,内涵丰富。若这类图案面积较大,则会显得比较豪放洒脱;若是纯粹素色无图案,会感觉比较严谨和认真。其他以人物、动物、植物、景观、文字等为主的图案,适合于社交或者休闲场所。建议男士选择领带时要结合自身的气质和场所来选择。

**注意**:比较奇怪的颜色,如绿色、荧光黄色、粉色等,还有怪异的图案如骷髅、凶猛野兽图案等,都不可以出现在正式场合。

(4) 关于领带的长度

领带打好以后,长度应该适中。最佳位置是领带的下端大箭头正好抵达皮带扣的上端,最长到中端,不可以长过皮带扣,也不可以短于皮带扣上端,太长则不雅,太短又容易跳出西装外面。领带的打法多样,打好领带后要收紧领带结,不可以松松垮垮,也不要太紧妨碍呼吸,以能自由转动头部为好。领带夹一般不佩戴,除非是工作人员为工作方便才会用到。领带要放到衬衫与西装外套之间,若穿着毛衣类,放在毛衣与衬衫之间。

领带长度

4. 选择合适的鞋袜等配饰

穿西装的最佳搭配是皮鞋。其他休闲类运动鞋、布鞋、凉鞋等都不与西装相搭配。

(1) 西装皮鞋的颜色

西装皮鞋要以黑色皮质类为主。一般而言,西装的颜色比较深,搭配的西装皮鞋也需要深色,这样才有整体感。皮鞋颜色的深浅与正式程度相对应。最正式最百搭的颜色是黑色,其次是深棕色,最后是浅棕色。皮鞋款式常规的是三接头的素色系带皮鞋。鞋头可以是方头,显得严谨干练;也可以是圆头,显得较为随和。其他款式的皮鞋在一般正式场合也可以使用,比如乐福鞋、牛津鞋等,但正式程度不足。

(2) 袜子的选择

西装的袜子也需要精心选择。袜子一般选择黑色的棉质高腰袜子。其他材质的如丝袜、化纤袜、短腰袜等都不可以使用。从颜色角度而言,白色的棉袜更不可以使用。试想下,假如一位全身深色装扮的男士出现时,一抬脚行动,白色的袜腰若隐若现,别人的视线会被白色所吸引,而不去关注对方是什么样的人,什么样的气质,甚至会忽略掉对方的威严感,这便成了焦点向下的吸引原则,会大大降低自身的威信与影响力。所以,白色袜子不可取,但休闲类服装可以搭配白袜子。至于袜腰为什么要比较长呢? 因为当男士坐到座位上时,裤腿会自然上提,如果还跷起二郎腿的话,都会导致小腿部分皮肤裸露出来,腿毛也会明显,这是非常不雅观且失礼的行为,所以,需要袜腰长些,这样才能妥善地遮挡小腿部皮肤。若是还有保暖裤,也可以有效遮挡,不至于花花绿绿地吸引人目光。

(3) 腰部的皮带

皮带合适的材质是皮质类,且以黑色为主,要用皮带扣。不要用打孔的皮带。皮带也是彰显品位的一个配饰,不容马虎,不可以因为搭配的皮带不适宜而功亏一篑。

5. 西装的其他注意事项

(1) 西装的扣子问题

正式场合西装有单排扣和双排扣西装。单排扣西装原则是最下面的扣子不扣。原因是,男士坐下时,容易使上装起皱变形,影响形象,最下面的扣子不扣,会保持上装不变形。至于单排扣其他的几个扣子,正式且严肃的场合要扣起来,非正式的轻松场合,则可以不扣。而双排扣的西装上装,所有的扣子要扣起来,这样才有利于保护西装的版型,即使坐下,也不会有太大变化。

西装扣法1　　　　　　　　　　　　西装扣法2

（2）西装的口袋问题

要想保持良好的形象，一般西装的任何口袋里都不要装满杂物，比如打火机、烟、纸巾、钥匙等，这些物品尽量放到手包或者公文包里。

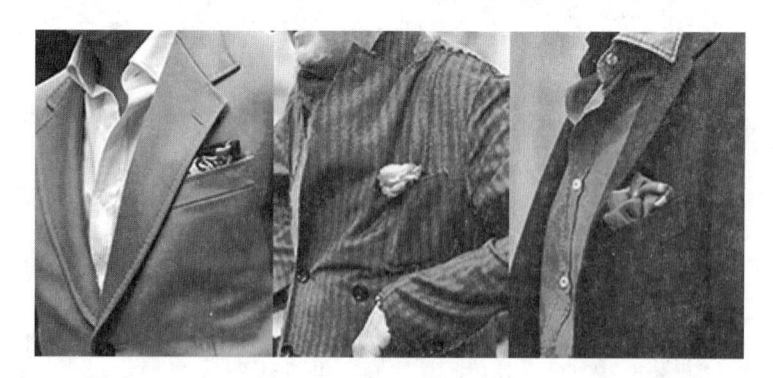

口袋巾的搭配

西装左上方的口袋是起装饰作用的。可以放口袋巾，或者胸花，其他物品不可以放进去。把小方巾折成不同的花样放入，这又成为男士不可多得的装饰之一。口袋巾的颜色可以与领带同色，也可以和衬衫同色，尽量要与一个大色块有相同元素，这样才得体大方；同时，作为一位绅士，这个口袋巾也是为了随时帮助女士而准备；当身边女士需要清洁某物而手边没有纸巾的时候，请毫不犹豫地递出这个装饰方巾，身边的女士会感谢万分的。

**小提醒：**

此处的方巾只是作为装饰，不可以作为自己擦嘴擦手的工具，请一定要保持其干净。若因为帮助女士而有了污垢，请不要再放回去。

请不要在这个口袋里放钢笔，一支或许还行，若是两三支钢笔，则会被认为是文员或者是服务生，并不是来参与重要活动的人员。切记，这个口袋不放其他杂物。

## 二、中山装的穿着礼仪

中山装是中国人独特的礼服，是以孙中山先生的名字命名的一种服装。很多著名人物如毛泽东、周恩来、邓小平等曾经穿着这样的服装出席各种重要场合。在20世纪80年代以前，中山装是中国男士经常穿着的服装。如今在一些国内的重要场合，中国领导人也会穿着中山装。80年代后，由于西方各种服装的出现和流行，中山装渐渐淡出普通人群的视线，但是现在又渐渐回潮，受到部分男士的喜爱。

### （一）中山装的款式

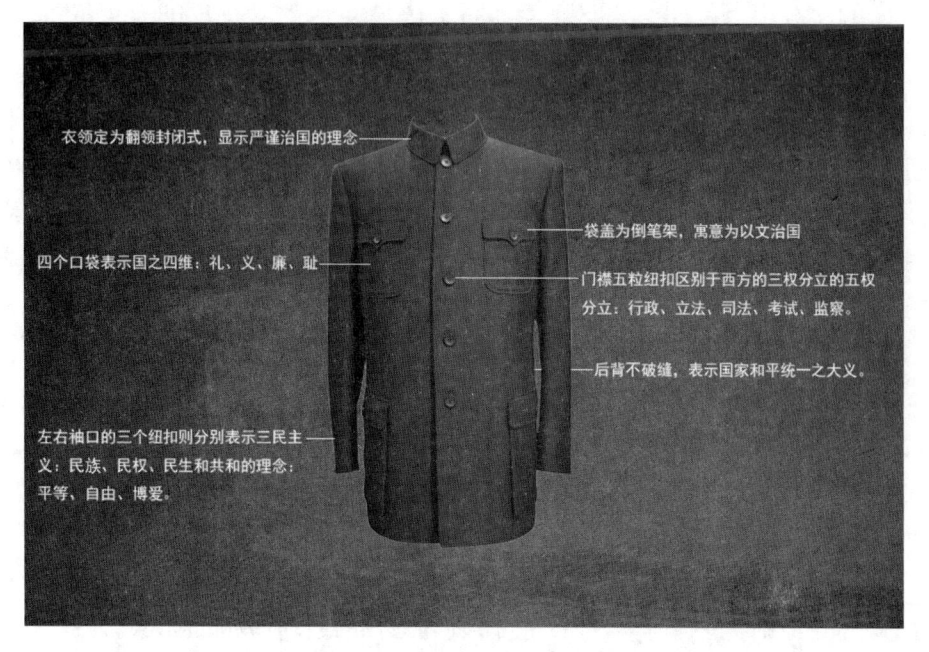

中山装款式

立翻领,对襟,前襟五粒扣,四个贴袋,袖口三粒扣,片片不破缝。

这样的款式有其深意:

其一,前身四个口袋便是国之四维,即礼、义、廉、耻。袋盖为倒笔架,寓意是以文治国。

其二,门襟五粒纽扣区别于西方的三权分立,而是五权分立。即行政、立法、司法、考试、监察。

其三,袖口的三粒扣表示三民主义。即民族主义、民权主义、民生主义。

其四,后背不破缝,表示国家和平统一。

其五,衣领是翻领封闭式,显示严谨治国的理念。

中山装有着如此的深刻含义,自然也成为部分人士认可的礼服。在一些大型会议场所,穿着中山装,也是一个民族特色的服装。中山装的立领有儒雅的风范,是西装不可比拟的。

中山装的优点很多,其造型均衡有对称的美感,也能体现出自身的儒雅和严谨。这种服装体现出高雅稳重之感,活动自如、保暖护身,可以作为正式场合礼服,也可以作为日常便装,相比西装而言,不需要太多的配饰,只需要一条深色西裤就可以,所以,中山装也有其不可忽视的魅力和市场。

### (二) 中山装的穿着方式

中山装的寓意深刻,所以穿着时要注意严谨。

首先服装要平整洁净。选择这种服装时,要注意对襟整齐,边角和口袋要平服。有些精致的中山装还有内衬,简单的可不加内衬。穿着时要扣上全部扣子,体现服装严谨的人文含义,不可以敞开怀。裤子搭配同质的直筒裤或者西裤都可以。

出席正式场合,中山装的颜色要选择深色为好。现在的中山装颜色比较丰富。可以按照场合的正式性、严肃性由高到低的方式,选择由深到浅的颜色。越是轻松喜庆的场合,中山装的颜色可以越鲜亮。常见的颜色有黑色、蓝色、灰色、驼色、白色、黄色、红色等。颜色的纯度有深浅的变化。

中山装可以搭配衬衫、修身毛衫等,只要不显得臃肿,都可以内搭,领子部位不要露出其他内衬的领子就可以。

与中山装相配的鞋子可以是系带皮鞋,休闲场所也可以是布鞋,但不要搭配运动鞋,这会降低服装的严谨意味,也不要是漆皮皮鞋,太亮眼的皮鞋有失庄重。

无论哪种服饰,男教师要记得服饰的合体得体和符合场所的原则,服装干净整洁也是基础原则。任何时候,赏心悦目的形象,才是最符合教师的形象。

## 第四节　服饰搭配的色彩原理和技巧

现代社会，服饰的作用已经从过去的单纯保护和遮羞的功能发展为以欣赏为主要目的的时代了。无论什么人，只要穿着得体的服饰，既可以美化自身，也能带给他人视觉的舒适感，这是自身美的需要，也是对他人的尊重。现在服饰琳琅满目，色彩款式多样，要想穿着得体，需要有一定的鉴别能力，从万花丛中找到适合自己的服饰，这样才真正能做到"美"。但是，观察生活中的很多人，在选择服饰的时候，不知道该怎么选，怎么搭配，往往会犹豫不决，甚至在买回一大堆服饰后，发觉并不适合自己，于是浪费现象产生了。那么，如何才能避免这样的情况发生呢？这就需要了解服饰的特点，了解服饰的搭配原理。作为教师，当穿着色彩漂亮的服饰出现在学生面前时，服装颜色会影响到学生的情绪和注意力，所以我们要从服装的颜色入手，了解它们的搭配原理和技巧。

### 一、服饰色彩的语言

现代服饰的设计要素中，最主要的是色彩，其次是款式，最后是材质。这三个基本要素决定了服饰的美感。在人们选购服饰时，往往是首先被色彩所吸引。色彩是一种无声的语言，却有一定的心理暗示性，会带给人们不同的心理感受。同样一种色彩，在有些场合比较适宜，能带给人自信和愉悦，有些场合却不适宜。了解色彩的语言，我们才可能结合自己的个性爱好，既使自己穿着得体美观，又体现个人的品位，同时可以兼顾学生的感受。我们先了解服饰中常见的几种色彩。

#### （一）红色

红色是一种强烈的色彩，它是暖色调中的主要代表，感觉像火一样，表达着充沛的精力和热情奔放的感情。常常带给人一种乐观、自信、果断的积极心理暗示。红色是中华民族喜庆场合常用的颜色，在服装上的运用也比较多。作为一种色彩，它具有刺激人兴奋的能力。

如果某些教师比较内向或者缺乏一定的自信，那么红色的服饰会带给自己和他人全新的力量感，会让自己多些自信，也会让学生更多地关注到教师本身。服饰可以是红色外套，或者仅仅是一条围巾、一双鞋子、一对耳钉等。

## (二) 黄色

黄色带给人的感受是轻快、亮丽、活跃、无拘无束。鲜亮的纯正黄色容易使人产生健康明朗、温暖的感觉。从服饰的角度而言,大面积的黄色会给人积极向上的感觉,仿佛阳光般的温暖。如果觉得大面积黄色太过于引人注目,可以使用小面积黄色配饰,如黄色丝巾、裙子、手提包、发饰、腰带等;或者服装中有一定的黄色元素。这都可以成为服饰中的亮点。

## (三) 绿色

绿色是春天的颜色,代表着希望与生机。浅绿色娇嫩而富有生气,深绿色则给人安逸、稳重之感。总体而言,绿色会让人感受到生机、平静、幽雅和希望。但是绿色的单品不容易穿搭,需要有一定的色彩搭配功底才会出彩。浅绿色的服饰比较适合年轻人,深绿色比较适合年龄较大的人。

## (四) 蓝色

蓝色属于冷色调,是天空和大海的颜色,是一种安静理性的颜色。它能将人引入深邃与宁静,会带给人中枢神经以沉静的效果。深蓝色让人感觉比较宁静、深邃、严肃、认真理性;而淡蓝色有着柔和与恬静的感觉。

如果肤色偏白,可以穿着蓝色系的服饰。偏黄的皮肤比较不合适直接用蓝色。蓝色除了运用到服饰中,还大量运用到心理诊室、教室中,目的在于平抚情绪,专注理性思考。教师若是希望学生专心学习思考,可以把蓝色运用于自身,也可以运用配饰来表达严肃与理性。

## (五) 紫色

紫色也属于冷色调。它带给人的心理感受是富于想象、神秘、浪漫、高贵。因为它具有的神秘感、诗意及浪漫感受,而备受大多数女性偏爱。若是穿着大面积的紫色,要考虑自身的身形和肤色,不要弄巧成拙,显得面色不够健康。若是作为小配饰使用,要与服装整体相协调。

## (六) 白色

白色是种纯洁、朴素的颜色,能引起雪和纯洁的联想。在视觉上有凉快、轻柔、洁净的感觉,但是有膨胀感,同时也不太会引起人情绪上的波动。

白色是百搭色,与所有色彩服装都可以搭配。这也是很多人喜欢白色的缘故。教师多运用白色作为自身服饰之一,会增加学生的深度思考和对教学内容的关注。

### (七) 黑色

黑色是经典色,也是百搭色,是服装设计师们的偏爱色。它具有严肃、规范、冷静、庄重、坚定的心理感受。它是服装中运用最多的颜色之一。黑色的服饰总会带给人一定的权威感,容易让人产生信任感和依赖感。黑色不挑人的年龄和肤色,所有人都可以穿着,且如果黑色服饰搭配得当,会形成高贵和典雅的感觉。

教师学会运用黑色服饰做搭配,会增强教师的说服力和可信度。

### (八) 灰色

灰色和银白色也是百搭色。几乎和任何色彩都不冲突。它们能表现出温和与顺从的感觉,带给人中性的、平衡的感受,同时也会有一种隐匿自身的感觉。若是需要提高自身的气场,建议避免穿着大面积的灰色外套和银色外套,只是作为服饰中小面积的点缀就可以。

作为教师,在关注学生个性发展的同时,也要让自己的个性特点通过服饰恰当地表达。只要是点缀,灰色和银色都是可以运用的,如灰色的围巾、帽子,银色的手包、鞋子等。但是如果全身都是灰色,这就需要个人拥有极其强大的气场和自信。

### (九) 褐色(咖啡色)

褐色富有深沉雅致的情调,但并不是适合任何人,它对人的皮肤、气质、形体要求都很高,褐色服装穿不好就会使人显得臃肿而且不干净。

## 二、色彩搭配原理及技巧

教师是影响人类灵魂的主要群体。即使他们不言语,其整体形象也具有某种影响力,这些影响力关乎美好,关乎个性,关乎情操,关乎一切对学生有益的因素。所以,外在形象的美好是有教育意义的。而服饰的穿着是否得当,则影响到整体形象。服饰由各种色彩构成,不同的色彩有不同的心理感受,所以学习色彩的搭配原理,也是教师的基本功之一。

### (一) 色彩构成要素

常说的三原色,即红、黄、蓝三色,这三种颜色是基础色,无法单独调配出来,而这三原色相互调配,却可以创造出无数的颜色。了解色彩,先要了解色彩构成的三要素。色彩由色相、纯度、明度三要素构成。

色相是指色彩的相貌称谓。色相是色彩的首要特征。黑白灰以外的任何颜色都是有色相的属性。比如,红色、黄色、蓝色、紫色等。

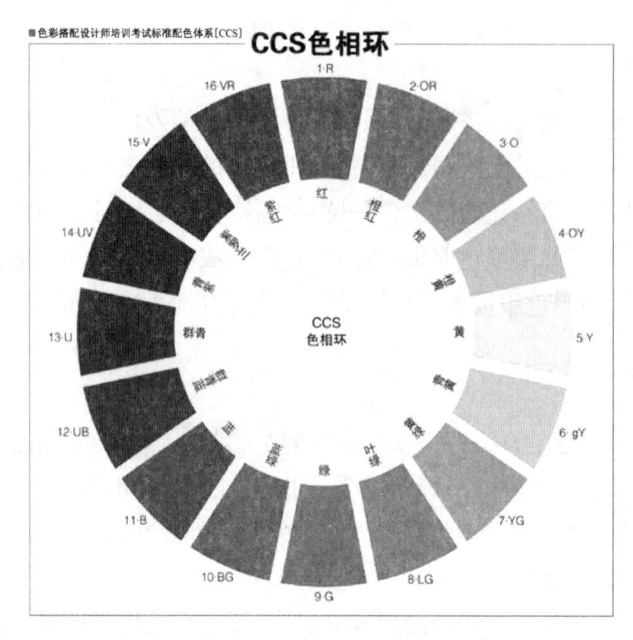

CCS 色相环

纯度是指颜色的鲜艳程度,也叫饱和度。或者说是颜色的纯净程度。它表示一个颜色中所含有色成分的比例。或者说,一个颜色中加入灰色的多少,决定了这个颜色的相貌鲜艳程度。一般原色的纯度最高,最鲜艳饱满,经过调和的颜色纯度会降低。如蓝色原色纯度最高,如加入部分灰色,会变成灰蓝色,相对于蓝色而言,灰蓝色的纯度降低了。

明度指的是色彩的明亮程度。色彩对光的反射率越高,其明度就越高。白色对光的反射率最高,所以白色明度最高,把它加入其他颜色中,这个颜色的明度就变高。黑色明度最低,加入其他颜色中,这个颜色的明度就会降低。在光谱中,黄色是最明亮的颜色,其次为橙、红、绿、蓝、紫。明度和纯度是相互关联的一对称谓。当一个颜色加入白色,纯度降低时,明度却升高了;当一个颜色中加入黑色时,纯度降低,明度也降低了。同一个颜色有明度和纯度的变化,不同颜色间也有明度的不同感受。

(二) 色彩的搭配原理

我们通常会把颜色分为无彩色系和有彩色系。无彩色系指的是由黑色、白色和介于两者之间的灰色组成的色彩系列,这些可以叫作无色相。无色相的颜色只有明暗度的不同,越接近白色,明度越高,越接近黑色,明度越低,其他颜色都是有色相的颜色。

我们了解色彩的三要素,主要是在服装搭配时可以更加准确地找到合适的搭配方案。服装主要的设计要素是色彩。我们所学习的色彩搭配,要从同一个色相环中考虑,也就是从有色相的颜色环中来学习搭配原理。因为同一个色相环的色彩有同样的纯度和明度。色相环就是指具有同样纯度和明度的色彩环形图。在一个色相环中,可以直观地了解搭配原理。一般常用的服装搭配的色相环有 12 色相环、24 色相环等。我们选用 12 色相环。

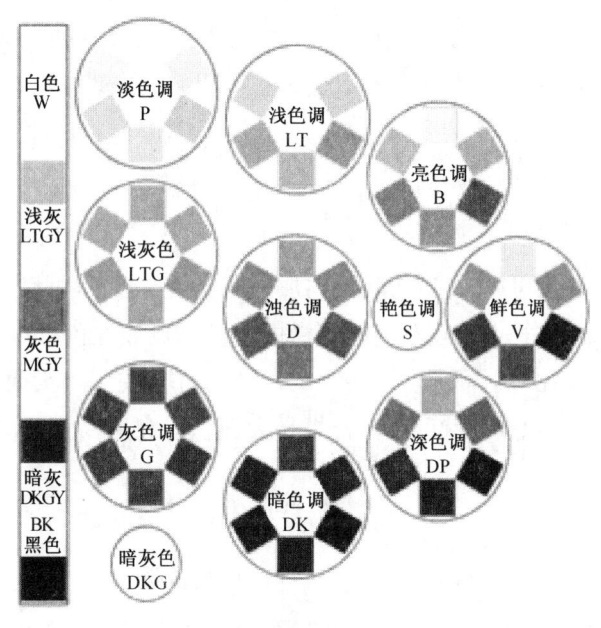

色调

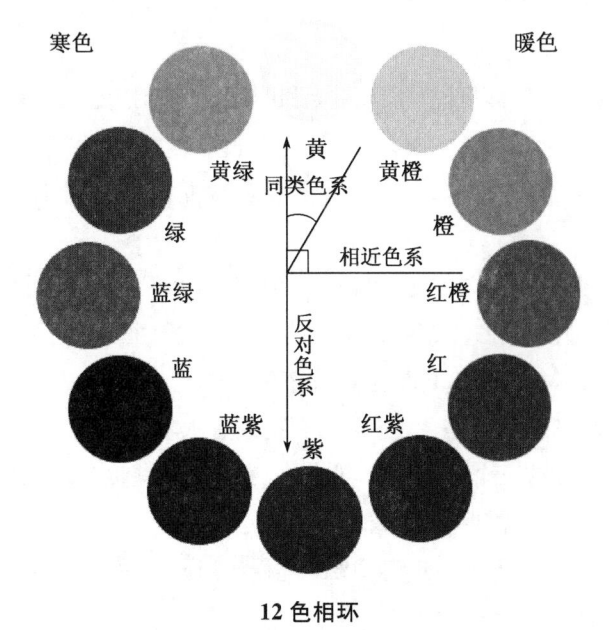

12 色相环

1. 对比色原理

指的是从色相环上看,处于一条直线两端的色彩,这两个颜色正好形成比较强烈的视觉冲击。这样两个成180度角的色彩穿在身上,有强烈的视觉效果。比如红色上衣配绿色裤子,这样的搭配会给人鲜亮刺激的感觉,一般生活中不会这样穿着。若喜欢视觉的冲击感,那么可以用大面积和小面积的对比方式来穿搭。比如可以选择红色的上衣,搭配绿色的耳环、丝巾、项链,或者绿色的手包、手镯等小配饰。大面积色彩是主色调,其余色彩只要是小面积的配饰就可以,这样就可以造成具有美感的视觉冲击力,不会令人感觉过于夸张。若是纯粹的相等面积的对比搭配,适用于舞台表演和影视剧当中。

2. 三角配色原理

从色相环中我们可以看到,等腰三角形的三个角的颜色,可以成为服饰搭配的一个方式。这样的方式也比较有鲜亮刺激的感觉。比如红色、黄色和蓝色。这三个颜色可以同时穿在身上,但是,也要注意,全身上下要有一个大面积的主色调,其余两个色,也是小面积点缀就可以。若都是大面积的穿搭,会太过夸张,不适合于日常教学工作穿着。

3. 临近色原理

在色相环中,左右相邻的两三个颜色都可以搭配在身上。相邻的颜色从视觉的角度看,不会太过于跳跃,有一个自然过渡和衔接,所以,这样的搭配显得比较柔和、温馨,给人个性不很张扬的感觉。

4. 同色渐变原理

在同一个颜色中,可以选择不同纯度和明度的服饰搭配在一起,这样的搭配会显得温顺、柔和。比如,黄色中,有浅黄色、深黄色、橘黄色,主色调是黄色,可以把这几个不同的色彩搭配起来,既简单,又不会刺激视觉,是一个比较适合体现温柔的搭配方法。

以上四种搭配原理简单实用,可以作为工作和生活中选择服饰的依据。但是,需要注意无论哪种搭配原理,都要保证全身只有一个大面积的主色调,其他色彩面积要小。比例上讲,符合黄金比例是最佳搭配。

另外,黑白灰三色是百搭色,当我们上装或者大衣等颜色亮丽,需要压制过分的刺激时,可以选择这三个颜色作为下装、鞋子等。这些变化可以根据自身需要而定,要看出席什么场合,需要什么样的整体感觉。

色彩的搭配原理是基础,在实际操作过程中,还需要掌握一些技巧,才能提升搭配能力和搭配水平。

### （三）色彩搭配技巧

教师行业与其他行业不同的地方，是需要学生集中注意力于教师的身上、脸上。只有这样，才能使得学生关注教师，进而专注于教师的教导和授受。但是很多时候，若教师没有足够的个人魅力和吸引力，学生也没有很大的毅力，学生的精力很可能是涣散的，不一定全部集中在教师身上，更不会认真听取教导。教师的个人魅力除去学识素养以外，还有外在的个人形象问题。个人形象中如何让别人一眼看到自己，并且集中注意到自身的脸部，这才是关键。把学生的目光吸引到自己身上，吸引到自己的面部也是有一定技巧的。色彩搭配原理告诉我们，色彩有引起心理变化的功效，有积极的心理暗示力量。那么，以下这几个技巧，就是解决这类问题的参考方案。

1. 亮点向上法

亮点向上法指的是胸部以上放置亮丽的配饰来引起他人的关注。服饰的色彩搭配中提到，身上的色彩面积要有大小之分。当大面积色彩已经穿在身上以后，小面积的配饰需要精心安置。作为教师，需要学生更多关注其面部，也就是上半身，这样学生会更加注意教师的讲授过程，那么，在大面积色彩的基础上，要选用合理的色彩小配饰，放到胸部以上的位置，会引起他人对自身的更多关注。比如，一件驼色长风衣，可以搭配银白色胸针、蓝色胸花，或者橘色丝巾绕于颈部，或者红色耳钉、亮色眼镜框等。凡是有别于大面积色块的小面积的配饰，放在胸部以上，都可以顺利地吸引到学生的注意力，有利于教师展开教学或者是教导。当一个人有亮眼的色彩在面部附近出现时，人们关注的是他的言语、表情，他的个人魅力得以充分体现。

2. 呼应法

即上装服饰中某个色彩要和下装中一个色彩相同，或者整体色彩中与其他配饰的某个色彩相同。这样的穿搭法能保证自身整体服饰搭配的和谐。穿衣搭配有三个境界，一是和谐，二是美观，三是个性。这个搭配方法可以使自己的服饰搭配和谐统一，不会有夸张和刺眼的感觉，这是一种传统的搭配法。若是稍加用心，可以是内外衣的色彩一致，配饰与鞋子的色块一致等。传统观念认为服饰搭配中不要超过三种颜色，但是，如果我们能熟练运用色彩搭配原理和技巧，我们的服饰中可以有多种颜色，并不会有突兀和冲突的感觉。这项能力需要多加思考和练习。教师的服饰和谐且具有美感，也是一种无形的吸引力，会让人心生敬意。

3. 竖条纹显瘦法

竖条纹显瘦法就是利用视觉的误差原理，把竖线条放到身上，以起到显高显瘦的作用。现在人比以往任何时候都注重个人形象。美好的形象是有生产力的。可是并不是人人都体型、高度、胖瘦合适,困扰较多的是体型偏胖、身高不高的问题。而运用视觉的误差原理,我们可以充分利用服饰的竖线条来弥补。例如,穿着大外套或者小开衫可以不扣扣子,利用前襟的对开留下的中间缝隙,看作是竖线条,会显得身材苗条;利用长条丝巾或者围巾直接搭于胸前,也是竖线条的感觉。有些服装本身前身有竖条纹,但是请选择只有一个竖条纹的为好,若全部是竖条纹,反而不显苗条。还可以把多个扣子扣起来,正面可以看作竖线条。需要了解视觉误差的原理,合理搭配。

4. 腰线显高法

腰线显高法就是利用视觉的误差,采用提高腰线的方式显得身高较高的方法。人们的服装款式各种各样,除了颜色的视觉冲击,有时候运用其他技巧,也可以使得自身显得高大。最基本的方式是提高腰线,比如可以选择高腰的外套,可以系一个腰带;上衣的下摆不要盖过臀部。

5. 视觉转移法

视觉转移法是指服饰的亮点放到自身优势的地方,忽略不足之处。不要刻意掩盖不足而导致欲盖弥彰。比如,有些教师臀部大,不要穿太紧的裤装,可以穿伞状的裙装;或者利用丝巾,把亮点放到颈部;或者上衣的肩部有突出的装饰,可以让人注意到。如果一个人的优势是腰细,但是肩膀宽,重点要放到腰间,可以系一根腰带,或者穿收腰的上衣。如果一个人脖子短,尽量不要戴贴脖子的项链,要利用长项链,在胸前有个V字形状,这样可以视觉上拉长脖子的长度,或者利用服装的V领,同样可以起到转移视线的作用。

服饰搭配是一个需要花费心思的过程,这需要慢慢积累经验。如果以上这些原则和方法全部理解,那么,任何的搭配难题都可以迎刃而解了。当教师的服饰呈现完美状态时,相信学生也会与美结缘,在美的感召下认真学习成长。

### 思考与讨论

1. 服装穿着的原则是什么?
2. 服装色彩搭配原理有哪些?
3. 回忆并与同学交流你记忆中穿着得体的教师,他们带给你什么感受和影响?

电影推荐:《穿普拉达的女王》《杜拉拉升职记》。

# 第四章
# 教师的举止礼仪

> 在美的方面,相貌之美高于色泽之美,而秀雅合适的动作之美,又高于相貌之美。
>
> ——培根

**本章提示**：教师的举止仪态反映教师的整体风貌。教师的一举一动、一颦一笑都会给人留下深刻的印象,并且会对学生产生极大的影响。在教育教学活动中,教师良好的举止仪态不仅仅是个人的礼仪素养体现,更是职业特点的要求,也是学生模仿的榜样。人们总是通过自觉或不自觉的行为举止表露自己的思想情感和态度,因此,它被称为无声的体态语言。教师的举止包括站姿、走姿、坐姿、手势等肢体动作。

仪态训练

举止是指个人在生活中以及与他人交往过程中的肢体动作的表现形式。它通过人的肢体或者身体部位的动作和变化来表达思想感情,也可以叫作肢体语言。举止是一种无声胜有声的语言表达形式。它包括人的体态、姿势、动作和表情。在生活中,一个表情、一个手势、一个微小的动作,都可以生动地表达出当时的心态。举止所表达出的独特信息比口头语言更具有直观的特点,能填补语言表达的某种空白。

人们常常会被举止优雅得体的人所吸引。教师如果具有优美得体的举止,更会被奉为楷模,会产生不同于学识素养的影响力。比如,教师举手投足间动作优美得体,学生会无意识地模仿。曾经看到这样一个故事:一位小姑娘学跳舞的时候,总是会甩下头,妈妈发现这个动作比较奇怪,经过仔细观察才发现,原来是舞蹈老师在跳舞示范的时候,习惯性地喜欢甩一下头。于是,小女孩在不自觉中学会了,她以为那是正常的动作。其实,那不过是教师为了甩开遮住眼睛的发梢而已,这是教师的细节影响。

当然,在漫长的学习生涯中,学生还会无意识地学习到更多的举止细节。比如,讲究的男教师上课时整理服装的动作、女教师平时优雅的走路姿态等,这些举止动作会在某个瞬间,出现在学生的动作细节中,这就是潜移默化的影响力量。这些证明无意识的动作相当于身教,无法被忽视。作为教师,必须严格注意自己的言行举止,哪怕是独处于办公室,也要有慎独的能力。没有任何一个人天生就拥有得体优雅的举止,要想拥有得体的举止动作,必须通过学习。教师的举止要符合教师的职业素养要求,也要符合学生成长发展的心理特点。

教师的举止礼仪指的是教师在工作和生活中恰当地运用肢体语言,表现出符合教育场所的行为举止。教师的举止包括站姿、走姿、坐姿、蹲姿、手势和表情等主要方面。

## 第一节 挺拔的站姿

古人曾说:"站如松,行如风,坐如钟。"这是对所有人的要求。这表明我们古人对人的举止行为是有深刻认识的。站是人的基本能力。所谓的"站如松",就是指人在站立时应该像松树那样端正挺拔。站姿体现的是一种静态美,同时站姿又是训练其他优美举止的基础,是表现不同姿态美的起点。作为教师,当他挺拔地站立于讲台之上时,那种笃定而自信的气质,会油然而生。学生也会不由自主地坐得笔直,以融入这样庄严和肃静的学习氛围中。倘若教师站没站相,东倒西歪,脖子突

出,肩膀耸立,这会造成学生们注意力的转移,尤其是小学生。他们会注意到教师的不同之处,并且无意识地模仿或者嘲笑,这给教师自身和学生都会造成不利影响。所以,站得挺拔优美,需要练习。

站姿分为男女通用的基本站姿和其他站姿。

## 一、基本站姿

头正:两眼平视前方,嘴微闭,下巴微收,脖子伸直,表情自然,稍带微笑。

肩平:两肩平正,稍向后伸拉,挺胸收腹。

臂垂:两臂自然下垂,手臂尽量伸直,手掌自然弯曲。

躯挺:胸部自然挺起,腹部往里收紧,腰部保持正直,臀部向内收紧。

腿并:两腿立直,膝关节内侧尽量贴紧,脚跟靠拢,两脚夹角或者并拢都可以。

秘诀:站立时,运用想象,以腰为中心,感觉腰部以上有一股力量向上走,仿佛上半身有绳子拽着;腰部以下,从臀部收紧开始,仿佛双腿是树根,牢牢地深入地下,不可动摇。这样的站姿看起来挺拔稳重,不会有摇晃和轻飘飘的感觉。

基本站姿

在任何时候、任何场合,教师若有这样的站姿,会带给人与众不同的感觉,这就是"站如松"。

## 二、其他几种站姿

### (一) 叠手站姿

叠手站姿指两手在腹前交叉相握保持直立。这种站姿,男士可以两脚自然分开,距离不超过肩膀宽度。女士站立时双腿不可以分开,女子可以用小丁字步,即一脚稍微向前,其脚跟靠在另一脚的内侧中间。这样的站姿显得端庄优雅、自然轻松,有一定的亲切感。在站立过程中身体重心还可以在两脚间转换,以减轻疲劳,这是一种常用的生活站姿。

叠手站姿

### (二) 背手站姿

背手站姿即双手在身后交叉相叠,自然放于背后。这种姿势一般用于男士,可以两腿分开或者并立。分开时,两脚宽度不超过肩宽;并立时脚尖分开,两脚间有一定角度。这种站姿优美中略带威严,易产生距离感。适合长者使用,也适合严肃场合的保卫人员。

### 三、杜绝不良站姿

不管在什么场合,教师的站姿应该是一道静穆的风景。要站有站相,要挺拔稳重,给人以可信赖的感觉和自信的感觉。一般而言,教师在课堂上站立的时间比较长,所以要保持挺拔得体的站姿也是一项必备功课。以下不良站姿千万要杜绝:

**不良站姿**

站立时不要探脖、塌腰、耸肩;不要弯腰驼背;不要左右摇晃;腿脚不要抖动;双手不要放在衣兜里;身体不要倚靠他物;头部不要左右摇晃,眼神不要左顾右盼;不要双手叉腰或者双手抱胸;不要双手长时间扶在桌子上;不要脚步后蹬墙壁等。以上这些不良姿势一定要避免。当一位教师在讲台上站得直、站得正的时候,就会有巨大的感召力。教师要具备这样的站姿,需要时刻的自我提醒和一定的训练。

## 四、站姿的训练法

### (一) 九点式靠墙训练法

完美的站姿需要训练。这个方法是指运用靠墙站立的方法来训练自己的站姿。从上到下依次确认,后脑勺靠墙,两个肩膀靠墙,臀部靠墙,小腿肚靠墙,脚后跟靠墙,这五处一共九个点靠墙。当我们依次确认靠墙后,腰间能有一掌的距离。同时,臀部肌肉尽量向内收紧,小腿肌肉也向内收紧。正确的站姿有利于防止未来

**女生站姿训练**

腰椎、肩膀和颈部的骨骼变形。据心理学研究表明,一个好习惯的形成需要二十一天的时间,所以有意识地训练一个月,有助于自身形体的完美塑造。

### (二) 速成法

有些教师站姿很正,可是腿部不够笔直,可以用速成法。按照基本站姿站立,两个膝关节内侧放一张纸,尽力收紧大小腿部的肌肉,防止纸张掉下来。这样的方式可以快捷有效地矫正腿部的曲线问题。同时,如果想要保持更加长久的挺拔感,可以头顶放一本书,保持不掉,这样上身的挺拔和腿部的笔直可以得到同时的训练。一

**速成法**

般而言,这样的速成法适用于各种礼仪接待人员。但是作为教师,也可以这样练习,同样可以达到较好的效果。

## 第二节　优雅的走姿

　　走姿是一种动态美。人们都会对那些走姿优雅、稳健、敏捷、干练的人投以欣赏的目光。因为这样的走姿会带给人美感,容易呈现出积极向上的精神状态。有蓬勃向上精神的人,走路会昂首阔步,让人能感受到他对生活的热爱之情;而走路缓慢、举步不前的人,会让人感受到某种失意和伤感。走路迈步大的人,让人感受到自信和阳光;而小步前进的人,会让人感觉到谨慎和小心,所以走姿更多反映的是人的精神状态。对教师而言,走姿的优美得体,会让人感受到积极的力量。不是所有的人走姿都很有魅力,走姿是需要训练的。

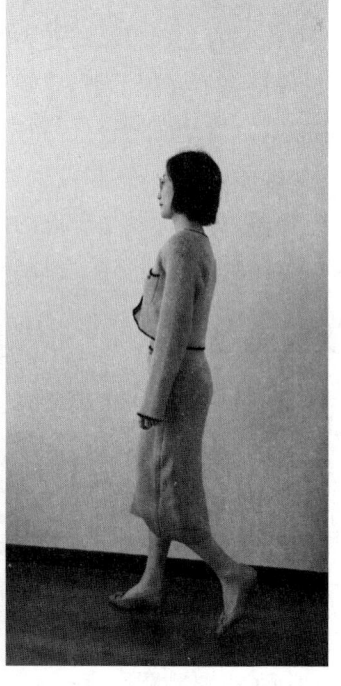

优雅走姿

## 一、基本走姿要点

走姿的起点是在基本的站姿基础上,以腰部的力量为中心,保持上身挺拔,略微前倾,收紧臀部,顺势迈步前行就可以了。但是也要注意下面的关键点:

头正:保持头部端正,不可以左右摇晃,双目要平视前方,收回下颌。

肩平:两肩自然放松,保持平稳,不要上下左右以及前后摇摆。

臂摆:双臂保持伸直状态,不可屈肘,自然前后同时摆动,前后摆幅因人而异,不可太大,不可太小,手臂与躯干的夹角摆幅在 30 度~40 度为宜。两手自然弯曲。

躯挺:保持上身及后背挺直,挺胸收腹立腰,重心稍前倾。

步位直:行走时两脚尖略开,脚跟先着地,女士两脚内侧落于一条直线上;男士可以自然分开,不必落于直线。

步速稳:行走时速度应当保持均匀、平稳,不要忽快忽慢,步幅也要适当。在正常情况下,步速要自然舒缓,不可太匆忙。

## 二、训练法

走姿是需要练习的。若想形成更为优雅的走姿,可以在地上画一条直线,头顶放一本书,尽量保持书不要掉下来,步幅适中,双臂自然摆动就可以。走直线的判断方式不是用眼睛寻找地面的直线,而是要感受到双膝关节内侧轻微触碰就可以,只要膝关节内侧轻微触碰到,落脚点就是直线。

走路挺拔、潇洒、有魅力既是职业的要求,也是一种健康的生活方式。走直线可以防止髋关节变宽,防止身体的发福变形。良好的身材也是个人素养的体现。

## 三、走姿的禁忌

教师走在校园里会受到学生的注目。走得优雅、得体、有魅力,自然会成为学生模仿的对象。倘若教师走路比较奇怪,也会成为学生的效仿对象。所以教师应该有意识地避免一些不良走姿。

行走时不要低头驼背;不要晃头;不要上下左右摇晃肩膀;

双臂同时摆动,不要一只手臂不动;

不要扭腰摆臀;不要左顾右盼;

不要脚擦地面;不要跳跃变道;

不要重心放到腿上,显得懒散;也不要重心在上身,前倾过分;

不要手臂甩动太大影响他人;也不可以多人并排行走;不可以占道聊天妨碍他人。

行走是个人自身形象的动态名片,即使个人整体妆容服饰形象已经很完美了,但是一走路,就会暴露出个人更真实的内在品质。所以走姿是除了学识素养以外的另一种素养。

特别提醒女教师,如果穿着高跟鞋,请走路时保持身体的挺直。要做到迈步出腿时,髋关节、膝关节和踝关节在一条直线上;不要屈膝撅臀以保持平衡,这样不雅观;若是鞋子过高,无法驾驭,可以选择低跟的鞋子;千万不要因为走姿而引起学生的另类关注,失掉教师的尊严。

## 第三节 端庄的坐姿

坐是一种静态造型,在日常工作和生活中,离不开这种举止。古人对男性的坐姿提出了"坐如钟"的要求,就是指坐姿的稳重、端庄和优美。坐姿美好,才会动人。教师除了课堂上需要完美的站姿和优雅的走姿外,在办公室、学校会议中或者在与学生、家长的交谈中等等,也都需要有端庄的坐姿。我们从女教师和男教师的坐姿分别了解。

### 一、基本通用坐姿

#### (一) 入座方式

不论男士还是女士,可以按照以下方式入座。这样的方式显得动作得体优美,能彰显出个人的儒雅气质。

入座时,从左侧入座。可以先走到座位前,站立于座位左侧,然后右腿放到座位的正面,用小腿触碰到座位边,感觉座位的高度和远近,最后保持头正身直轻轻落座。

对于女士而言,若穿着大衣或者短裙,要用手从后面捋一下,防止走光或者防止衣服被压着。

落座在椅子或者沙发的三分之二处就可以,不要坐得太深或太浅,避免不雅和不适。

之后,可以把手放于腿部或者扶手。

#### （二）男女通用坐姿

落座时的关键是保持上身的正直挺拔。不可以弯腰坐下，上身略微前倾就可以，弯腰入座会显得老态龙钟，不够有活力。

在座位上时要保持上身挺直，双肩自然放平，头部放正，可以随谈话者调整方向。表情要自然。脖子挺直，胸部挺起，让头部、脖子和背部保持一条直线，但是背部要有自然的弯曲度，可以称作背部的微笑。双腿垂直于地面。对于女士而言，双腿双膝并拢，男士可以自然分开与肩同宽。双手可以叠放于腿上，也可以放在扶手上。

这样的坐姿体现了个人的严谨和端庄，适合于表现对人对事的尊重和谦虚。

### 二、女教师的坐姿

1. 标准式坐姿

与通用坐姿相同。上身保持挺直，双脚垂直于地面。需要注意的是，女教师一定要注意双膝并拢，双手可以叠放于两腿中间。这样可以避免裙装短小的尴尬。

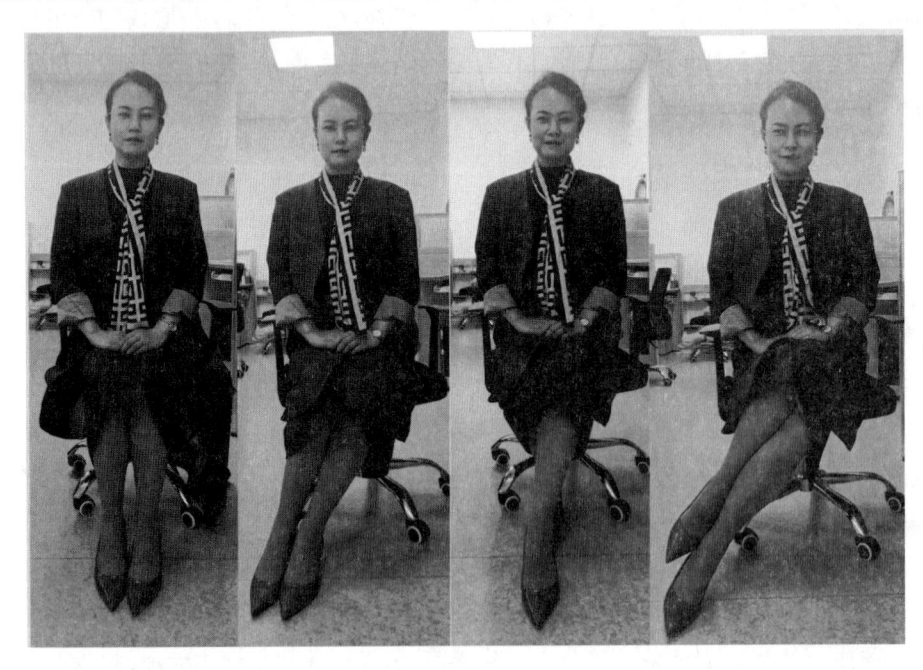

坐姿

2. 前伸式坐姿

在标准坐姿的基础上，两小腿向前伸出半脚的长度，两脚并拢，脚尖朝前，也可以脚尖点地，适用于照相显得腿长。

3. 屈直式坐姿

在标准坐姿的基础上,一脚前伸,另一小腿后屈,大腿靠紧,双膝并拢,两脚前脚掌着地,并在一条直线上。

4. 侧点式坐姿

在标准坐姿的基础上,两小腿朝一侧斜出,两膝并拢,两小腿平行,两脚并拢,脚尖点地。关键点在于,两脚尖要朝向腿部延伸的方向,从视觉上会增加腿部的长度。

5. 叠腿式坐姿

在标准坐姿的基础上,一腿向一侧轻轻移动,保持双膝并拢的状态,另一条腿随之提起,腿窝落在另一腿的膝关节上;要注意上边的腿稍微向里收,轻轻贴住另一腿,两条小腿保持平行线的位置;同时脚尖要向下回收,不可以脚底对人;还要注意另一条腿上提时动作不要太大,防止尴尬。手的位置可以是叠放于腿上,也可以是放于扶手上,这种坐姿不同于二郎腿坐姿。一定要注意上边的小腿往回收和脚尖向下这两个要求。这种坐姿常常用于体现女士的优美文雅、自然温婉的气质。

**叠腿式坐姿**

## 三、男教师的坐姿

1. 标准式坐姿

与通用坐姿相同。保持上身正直,双肩放平,两手放在两腿或扶手上,双膝可以并拢,也可以分开与肩同宽,两小腿垂直于地面。

2. 屈直式坐姿

在标准坐姿的基础上,一小腿前伸,另一小腿后屈,保持双膝并拢。

3. 叠腿式坐姿

一腿前伸,另一腿上提,上提的腿窝叠放于另一腿的膝关节之上。上边的腿部尽量回收,紧贴另一条腿,脚尖要朝下,不可以朝人,不可以晃动。

## 四、坐姿的禁忌

坐姿也是一种无声的语言,表达着个人真实的心理状态。坐得优雅得体,会被认为是可信赖的、有亲切感的人;坐得歪斜松散,被认为是懒散的、无担当的人。在生活中或者工作中，经常会看到有人坐得豪放不羁，或者萎靡不振，或者歪歪斜斜，也有的显得盛气凌人。这一切的感受都来源于坐的方式。

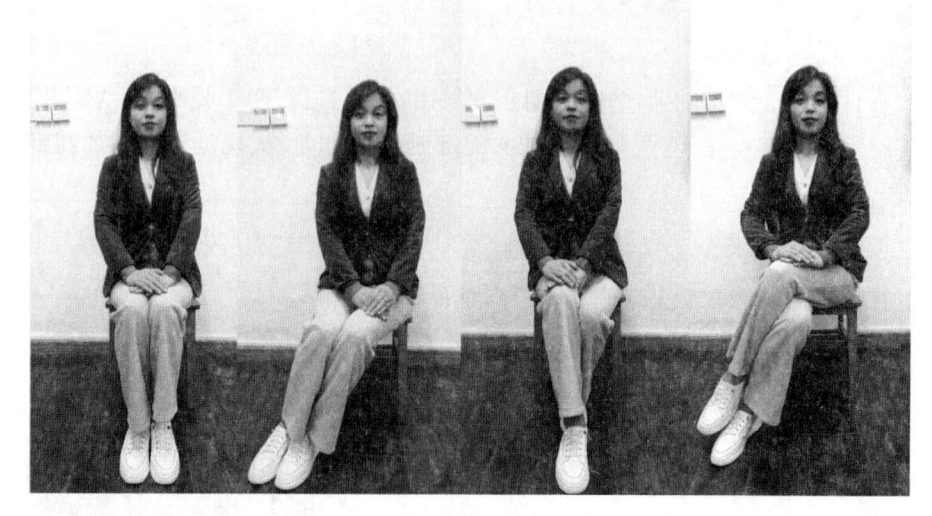

坐姿禁忌

以下坐姿要尽量注意：

▶ 上身不要歪斜倚靠，感觉很疲惫。过于松散的坐姿让人觉得精力不济，无法委以重任。若是与人交谈，松散的坐姿会让人感觉不够礼貌和不够尊重对方。

▶ 头部不可以歪斜、后仰、低垂。这样的姿势缺乏认真的感觉。

▶ 双手不可以随意乱放。不要抱头、抱胸、敲桌子、转动笔、玩捏物品或者总是放于桌下，感觉不认真、不自信、不耐烦。缺乏基本的尊重和礼貌。

▶ 不可以随意抖腿、抖脚，更不可以在公众场合脱鞋子。这些是极其无礼貌和缺乏个人素养的表现。

▶ 坐座位不可以太深，会显得腰背部不直，容易松懈；也不要太浅，容易掉落不稳，坐三分之二最合适。

▶ 女士落座后，一定双膝并拢，不可以双腿分开。

▶ 教师在面对学生、家长和其他同事的时候，要注意保持得体的坐姿。即使在自己家里，坐的时候也要背部挺直，这既是个人完美形象的需要，也是防止腰椎间盘突出的健康之道。

# 第四节 含蓄的蹲姿

蹲姿是一种静态的举止，不像站姿、走姿、坐姿那样频繁运用，常常会被人忽视，但是在某些情境下，也需要运用蹲姿。比如：捡起地面的物品、系鞋带、整理地面环境等。一般人们的处理方式是直接弯腰撅臀地去行动，这样的方式非常不雅，因为臀部对人是不礼貌的行为。凡是注意举止的人，会讲究蹲姿。教师在班级或者学校办公室，也会运用到蹲姿，比如捡起粉笔、黑板擦、书本、纸张等，需要注意蹲姿，蹲姿的好坏影响到教师个人的形象。假如一位女教师不拘小节，看到地上的纸张直接弯腰捡起来，而且恰好穿着裙装，那么，弯腰撅臀可能会导致走光的尴尬。所以，蹲姿不容忽视。一般蹲姿分为两种。一种是高低式蹲姿，一种是交叉式蹲姿。

## 一、蹲姿方式

### （一）高低式蹲姿

这种蹲姿也常见于军训期间的训练动作或者拍照时前排的蹲姿。具体做法是下蹲时右脚在前，左脚稍后，两腿靠紧向下蹲；右脚全脚着地，小腿基本垂直于地面，左脚脚跟提起，脚掌着地；左膝低于右膝，左膝内侧靠于右小腿内侧，形成右膝高左膝低的姿态，臀部向下，基本上以左腿支撑身体，要保持平稳。

高低式蹲姿　　　　　　　　交叉式蹲姿

### (二) 交叉式蹲姿

这是在生活中常常会用到蹲姿。如集体合影前排需要蹲下时，女士可采用交叉式蹲姿。具体做法是：下蹲时右脚在前，左脚在后，右小腿垂直于地面，全脚着地；左膝由后面伸向右侧，左脚跟抬起，脚掌着地；两腿靠紧，合力支撑身体。臀部向下，上身稍前倾，保持平稳。

### 二、蹲姿要点及禁忌

▶ 下蹲时，要大方自然，干净利落。不要拖泥带水，慢慢吞吞。

▶ 下蹲时，两腿合力支撑身体，保持平衡。

▶ 下蹲时，上身要保持头、颈、背成一条直线，不要弯背伸脖子。

▶ 下蹲时，尽量侧身对人，不要直接后背面对他人。

▶ 女士下蹲时，若穿裙装，要用手从后面压一下裙摆，以防走光。若是上衣领口较大，也可以用一只手按压领口。

▶ 起立时，直接迅速起来，不要手扶地面，摇摇晃晃。

▶ 女士无论采用哪种蹲姿，都要将腿靠紧，臀部向下。

▶ 弯腰捡拾物品时，不可以两腿叉开，臀部向后撅起。

▶ 下蹲时注意不要使内衣露出来。

▶ 下蹲时不要突然蹲下，也不要距离别人过近。

## 第五节　得体的手势

手势是人们常用的一种肢体语言。就是通过手部的动作来表达情感和传递信息。手势语在生活中和教育过程中都有着非常重要的作用。比如，引导他人方向、强调重点、点名答题、表达情绪、加强语气、增强感染力等，都会运用到手势语。大方、得体的手势会带给人明确的指示、准确的信息，甚至有优美的感觉。它反映个人的修养。而不恰当的手势，也会带来误解和尴尬。比如，教师请一位学生起立读书，是用食指点向那个学生，虽然学生明白是指自己，但是内心会感觉到教师对自己有失尊重。

## 一、基本手势

最规范的手势应当是手掌自然伸直,掌心向内向上,手指并拢,拇指自然稍稍分开,手腕伸直,使手与小臂成一直线,肘关节自然弯曲。大小臂之间的角度随指向的不同而有变化。

这种规范的手势通常用于指向他人、指出方向、指向物品等。这是在与他人交往时常用的方式。

基本手势因方向和目的不同,可分为三个方位。

规范手势

### (一) 高位手势

指手掌自然伸直,拇指自然分开,整个手掌与大小手臂成一直线,整个胳膊伸出时位置在肩部与头部之间,这个手势一般指向远处的人、事、物。使用这种手势时手掌不要超过头顶太多。手掌高于头部太多会显得不雅观及傲慢感觉。出手势时尽量手掌心向上向内,不可以向下和向上。

这种手势运用于教师指出教室内后排的学生、指出室外远处的方向和事物等。

### (二) 中位手势

指手掌和小手臂成一直线,手掌心向上向内,肘部在腰间位置,小手臂与手掌在腰部和肩部之间摆动。这样的手势比较有亲切感。大部分用于指向近处的人、事、物。

教师运用这种手势,可以提请近处的学生,指向近处的物品,指引他人近距离方向等。

### (三) 低位手势

指手掌和小手臂成一直线,手掌心可以向上向内,也可以垂直于地面,手掌的腕部与胯部平齐。这个角度的手势更多运用于指出眼前的人、事、物、位置等。

教师运用这种手势,可以请人入座,明确指出物品等。

这三个基本手势在生活中和工作中会经常用到。

低中高手势位置

## 二、其他手势

手势语与个人的情绪心理有很大关系。表达喜悦时,可能会手舞足蹈,肢体语言会比较丰富;而情绪平静时,手势会比较少。教师接触最多的人是学生,与学生交往时,手势语是必不可少的交流工具。除了基本的手势动作以外,还有很多因人而异的手势。比如,伸出大拇指面向学生时,表达教师的赞许和认可;在学生表现良好时,摸摸学生的头部,表示鼓励和加油;鼓掌,更是对学生的认同和鼓励;伸出双手,掌心向下,上下摆动,表示安静;等等。各种手势要随当时的情境以及情绪不同而有变化。不要一成不变,毫无肢体动作,毕竟教育是育人的事业,教师良善得体的肢体语言也会有积极的教育意义。

### 三、手势语的注意事项

1. 出手势时,要做到流畅自然和柔和优雅

手势动作幅度不要太大,太夸张;也不要太小,别人看不见;不要太平直;也不要太突然,要看身边是否有他人,避免碰到他人。

2. 在恰当的场合使用恰当的手势

不可以乱用手势语。比如,手臂抬高,掌心向下,手指弯曲上下摆动,是招呼远处小孩子过来的意思,不可以对着成年人这样做,这有侮辱对方的嫌疑。对于异性师生之间,不可以有摸头部等近距离的肢体动作。

3. 近距离使用手势时,尽量避免在脸部周围比画

有人喜欢手部伸到自己或者他人的脸部跟前比画,这很失礼。恰当的手势位置应该在腰部与胸部之间为好。不论教学还是与人交往,手势动作不可过多。比如一会儿抓、挠、扯,一会儿摸鼻子、拉头发、拽衣领等。凡是需要手势动作,都尽量离开脸部、胸部,只出现在上半身附近即可。

4. 手势的使用,要考虑自己的体量感大小

身材魁梧高大的教师,手势动作幅度可以相应大些;而身材娇小的教师,手势动作幅度可以小些。假若使用不当,会让学生感到困惑。

5. 提请学生或者指向具体学生时,请用手掌而不要用食指

单独伸出食指指向他人不礼貌。只有需要准确地指向某些文字、签名区域或者其他细节时,才可以用食指准确地指出。

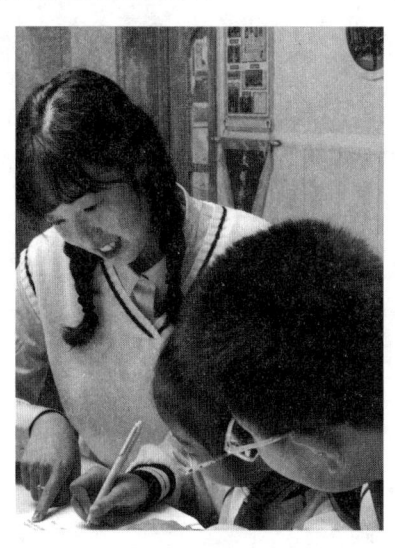

**手指向文件**

手势语有其基本的规范标准,但也有个人的风格体现。所以,如何恰当地使用手势语,以增强个人的感染力和教学的生动性与形象性,这需要教师在工作中多加体会和琢磨。

### 思考与讨论

1. 基本站姿的要点是什么?
2. 观察生活中人们的站姿和走姿,分析其优点和不足之处。
3. 当有人向你问路时,你该如何指出方向?需要注意什么?

# 第五章

# 教师的表情礼仪

> 有一种东西，比我们的面貌更像我们，那便是我们的表情；还有另外一种东西，比表情更像我们，那便是我们的微笑。
>
> ——雨果

**本章提示**：在日常工作和生活中，人们通常除了用明确的语言表达情感、交流思想以外，还通过表情动作传递信息。表情动作包括眼神的变化、微笑的收放、眉毛的动作、面部肌肉的变化等。这些表情可以细致入微地体现出一个人当时的心理状态、情绪、喜好、习惯，甚至某种个性品质。表情是一种无声胜有声的语言。教师的表情在教育工作中有举足轻重的作用，是学生判断教师状态的一个动态风向标。

表情礼仪

对于教师而言,任何一种表情,都会给学生带来不同的感受。这些感受可能是积极的,也可能是消极的。人民教育家陶行知先生有一句名言:"你的教鞭下有瓦特,你的冷眼里有牛顿,你的讥笑中有爱迪生。"可见,表情的作用胜过语言。所以,教师要深入研究表情,并且合理运用表情,让这种无声的语言发挥真正积极的作用。教师的表情礼仪是指在教育教学过程中,教师恰当地运用不同表情,对学生产生积极影响的礼仪规范。

## 第一节 教师的目光礼仪

**小故事**

星期四那天,一贯都按时交作业、按时完成作业的我心里很忐忑,因为头天晚上在奶奶家睡的觉,所以就忘记带作业本了。就因为没有带,让我跟老师说明的勇气都没有,要知道,我是个自尊心特别强的女孩。

就这样忐忑不安地过了第一节课、第二节课、第三节课,好像也都风平浪静,我这颗悬着的心才放了下来,以为没事了。可第四节课刚一下课,"霹雳"便传来,吴老师让同学喊我去办公室。我这颗刚落下的心又悬了起来:怎么办呢?她要是不相信我说的,认为我是故意找借口,我该多丢人哪!我垂头丧气地到了办公室,心惊胆战地喊了一声:"报告",便握紧了拳头,怯怯地向吴老师走去,支支吾吾地喊了一声正在认真批改作业的吴老师:"吴……老师。"吴老师见我来了,用温柔的眼神看着我,而这眼神里也透露着一种严肃,她上下打量了我一遍,心平气和地说:"说吧,为什么没带作业本?""我……我昨天睡在奶奶家了,所以……没带。"吴老师望了望我,我发现那是相信的眼神,心里立刻变得平静起来。老师拍拍我的肩膀,又跟我谈起话来:"一个人,一定要有责任心……""好了,你明天带给我吧,下不为例哦!"而这时,吴老师的目光中却只有一种温柔。顿时,当初我的不安心情一扫而光。也许,说几句话对老师来说很平常,但是,对我一个自尊心极强的女孩,我打心里谢谢老师对我的信任。我忘不了老师信任的眼神。

目光是人们在交往时,一种体现感情的、含蓄的无声语言。它可以表达有声语言难以表现的意义和情感。"眼睛是心灵的窗口",这是因为心灵深处的奥秘

都会自觉不自觉地从眼神中流露出来,它在很大程度上能如实反映一个人的内心世界。在教师与学生的交往中,面部表情起着不可估量的作用。因为教师的喜、怒、哀、乐都体现在面部,学生首先关注的是教师的面部表情,马卡连柯曾经说过,教育的技巧,也表现在教师运用声调和控制自己的面部表情上。教师的目光有着神奇的力量,它可以传递爱,传递热情,传递希望,也可以不经意间毁掉希望。教育是伟大的事业,是关乎灵魂,关乎希望的事业,所以教师要注意自己的目光礼仪,学会合理运用它。

目光礼仪

## 一、教师目光注视的方式

教师的职业比其他职业更加强调目光的合理运用,因为这关系到每个学生的成长发展。课堂是教师工作的主要阵地,课堂上教师的目光要符合教育教学规律,符合学生的心理要求,才能真正达到教育的目的。从课堂教学的大范围角度来分析,教师的目光运用有以下几种常见方式。

### (一) 环视

环视是指教师按照一定的顺序看向全体学生的眼神。

一般来说上课铃响后,教师面对整个教室,依次环视全体学生,有提醒学生注意,有组织教学的基本作用。

在授课过程中,教师不时地环视整个课堂,既是维持课堂秩序、督促学生主动学习的一种有效手段,也是尊重学生的一种表示。教师的环视,可使全体学生都感到教师在对他们讲课,能调动他们的参与感;对于个别不认真听讲的学生,通过环视也可以提醒他注意,督促他认真听讲和学习。

教师的环视还经常用于提问之后。当教师提出问题后,如果一时没有学生回答,这时运用环视可以鼓励每一位同学开动脑筋、深入思考问题的正确答案。有的

教师没有意识到这一点,提出问题后只把目光盯住几个尖子生,无形中冷落了其他学生,影响了他们思考、学习的积极性;同时,也助长了这些学生的侥幸心理,以为老师反正不会提问他,从而懒于思考。显然这与现代教育面向全体的要求是背道而驰的。

注意,教师运用环视要注意遵循一定的线路秩序,不能杂乱无章,也不能过于频繁。否则,眼珠不停地滴溜乱转,会使学生感觉老师的讲课内容不真实,或者以为老师上课不庄重、不诚实、不投入。另外,教师的环视虽不一定要看清楚每一位同学,但要照顾到教室的各个方位,并且要合理把握环视的速度。讲课前的环视不可过慢,否则会耽误太长时间;讲课过程中的环视可适当放慢,也可依据需要让目光在个别学生身上做短暂停留,但时间不宜过长。

### (二)巡视

巡视是指对部分学生的注视。教师一般把教室分为前后左右四个区,轮流注视。从速度上讲,巡视稍慢于环视,且巡视的频率也稍小于环视,但是,巡视的直接目的是消除"教学死角",其作用不容忽视。

现实教学中,有的教师习惯于注视某一个地方的学生,甚至只看那些成绩好的学生,出现了一部分学生不能被老师注意到的现象,这就是所谓的"教学死角"。目前我国的教室一般采用方形座次排列,因此教学死角往往是教室内的四个角区,尤其是倒数一、二排的学生。课堂上一旦造成教学死角,则会压抑这部分学生的学习积极性,由于长期得不到教师目光注视,这些学生很容易形成思维惰性,有的甚至与教师在情感上产生隔阂。

避免上述现象出现的最好方法是加强目光巡视,教师要善于用亲切和蔼的目光主动地捕捉学生的视线,有计划地不漏过每一个学生。这样做,在心理学上有三方面的意义:第一,用目光巡视,可以使学生感到教师意识到自己的存在,进而得到鼓励和信任,并且满足了学生自尊的需要;第二,用目光巡视,可以及时发现那些上课不积极主动发言的学生的动态,让他们注意参与教学活动;第三,用目光巡视,会缩短师生间的心理距离,学生也似乎感觉到老师对自己的接近、肯定,从而上课时更加集中注意,并与教师密切合作。

### (三)注视

注视是较长时间地看着别人。但是时间太长会成为凝视。对教师而言,注视是眼神运用中最有意义的一种方法。恰当的注视可以构建和谐的师生交谈氛围,了解学生的真实心理。尤其是在课堂上,教师的注视不仅可以得到教学的信息反馈,也能够制止部分或个别学生的走神和骚动,提醒学生注意听讲;同时还可以鼓励学生大胆发言,打破课堂提问的冷场现象。因此,在课堂上和平时的教育活动中,要特别注意运用好这种眼神。

注视图

注视的时间长短对课堂管理和课堂教学十分重要。教师多注视学生,学生的注意力集中,会跟随教师的引导去思考,所以收获也多,考试成绩也会相对较高。但是教师如果注视学生的次数减少时,学生感受不到教师的关注和热忱,学生注意力就会分散,师生的情感交流也会减少,课堂氛围会比较沉闷,教学效果会比较差。

教师注视

## 二、教师目光注视的角度

教师与学生或者他人比较近距离交往时,运用目光的角度会意味着与交往对象的亲疏远近。一般而言,目光注视的角度,通常有以下三种:平视、仰视、俯视。

### (一) 平视

平视是指人的视线呈水平状态的注视。一般适用于普遍场合的交往。主要体现出平等、尊重和专注的心理状态。

比如平视适用于教师与学生进行思想沟通时，与同事交谈或者研讨时，与学生家长沟通时，与朋友家人对话时等。这是一种最放松最直接的目光交流方式。教师运用这种目光注视学生，会让学生比较认可和信赖，容易接受教师的指导和要求，同时配合以真诚的微笑，这样的目光注视会起到积极的教育效果。从心理学角度而言，任何人都愿意被尊重和被理解，这样的平视角度充分地体现了这一点，生活中平视的角度也体现了对他人的尊重和理解。

教师平视

### (二) 仰视

仰视是指向上抬起目光注视他人的方式。这种目光体现了更大的尊重、仰慕、钦佩和敬畏之意。这种目光注视方式比较适用于面对长辈、学者、领导或者其他有影响力的人物。一般来说，小学生运用这种注视方式较多。对于教师而言，著名专家、学者来做报告，做课题研讨时，运用这样的目光注视角度，既体现对专家的尊重和敬仰，也体现自己的学习精神。假若这样的目光偶尔用在比赛现场的学生身上，会起到极大的鼓励和振奋力量。

### (三) 俯视

俯视是指抬眼向下注视他人的方式。一般是长辈对晚辈的一种注视方式。会

这种方式可以体现出长辈对晚辈的宽容、怜爱、审视、关注等心理状态。有时候也会表示对他人的不屑、轻慢或者怀疑。教师在讲课时,大部分时间处在位置比较高的讲台上,会不自觉地把目光便成俯视状态,当然也有时候是因为个体身高问题,一方较高,一方较矮,会产生俯视现象。俯视时如果距离过近,会给人压抑感,所以这种方式应该谨慎使用。当然,有时教师为了观察学生,在讲台上可以使用俯视方式。

**教师俯视**

### 三、教师目光注视的范围

目光注视的范围指的是人们在交往时目光所及之处,就是目光注视的部位。目光注视的部位不同,表明了自己与他人关系的亲疏远近,同时也表明了自己对他人的态度。

根据人们心理上的远近划分,目光注视一般有三个范围。

#### (一) 第一个范围是额头到双眼之间

这个范围的注视被称为公务注视。注视这个小范围意味着目光会直视到对方眼部,可以真实地觉察到对方的心理意图。人与人之间如果初次见面,互相不熟悉,一般注视的部位就是眼部。通过眼部的观察,人们能熟知对方讲话的真假及情感的多少。当然,直接注视不可以时间过长,要注意避免凝视,凝视有窥探别人隐

私之嫌。

教师有时也会运用这种注视方式面对学生。当学生回答问题不够清晰时,当询问学生犯的错误时,教师的目光一般集中在学生的眼部,以此来获得对方真实准确的答复。当然,若是不信任对方时而用这种注视方式,紧盯对方眼部,会造成对方的紧张和不安,甚至是害怕,这种让人产生紧张感的注视方式,一般较多地运用于严肃场合。对于教师而言,可以注视学生的眼部,但不要采取紧盯的方式,这会给学生造成心理压力,从而失去师生间的融洽氛围。教师的职责是育人,即使是一个小小的眼神,也要妥善运用,不可以因为一个不当的注视而使学生受到心理伤害。

### (二) 第二个范围是双眼到唇部位置

这个注视范围在社交礼仪当中被称为社交注视。这个范围仿佛是一个倒三角形。通常是在社交场合,或者一般熟悉的人们之间的一种注视范围。这个范围的注视不局限于对方的眼部,而是目光可以在眼部和唇部之间移动。用这种较大范围的注视方式,会给人一种放松和轻松的感觉,同时也是一种可以达到互相理解和看清楚面部表情的方式。人与人之间初次见面,互相短暂的交谈后会把目光从对方的眼部适度地移动到唇部,不是一直盯着对方的唇部,而是根据谈话或者对话时间来变化,但是目光不可以移动太快,否则会造成紧张和不安或者有狡猾不庄重的感觉。

教师与学生、同事或者家长交谈的时候,眼神转移要适度,不要游移不定,也不要紧盯不放。对待学生而言,要适度地给学生以安定的感觉,不要眼睛像扫描仪式的,来回在学生的脸上扫描。教师的眼睛在学生的脸部适度关注,可以使得学生放松下来,同时教师的面部展现出温和的笑容,这会有神奇的教育作用。这种注视范围适合大多数的交往场合。

### (三) 第三个范围是从胸部到头面部的位置

这个范围是目光注视的最大范围。这个范围在社交礼仪中被称为亲密注视,指的是家人、恋人和长辈对晚辈之间的注视。这种注视更多地体现了人们之间关系的亲密和信赖。目光注视从小范围的双眼到大范围的胸部以上,表明了人们的亲密关系由远及近。注视的范围越小,表明越不亲密;注视的范围越大,表明越是亲密的关系,越是信赖。比如,当孩子出门上学时,只有父母可以看到他头发丝落在了肩上,或者领子没整好,而一般朋友则不太能注意到这些细节。只有当教师对学生充满了责任感和热爱时,只有当教师深深地记挂着自己的学生时,才会在与学生面对面时,注视到更大的范围。当教师真正的作为长辈,对待孩子们有真切的希望和热爱时,这种关切的注视也会引起学生的信赖感,也会产生鼓励和激励的作用,但是,这种上半身的注视范围尽量不要用于同龄异性师生之间,以免产生心理误会。

人与人之间目光注视的范围由小到大,表明了人与人之间关系的由远及近,教师要学会合理利用这几种注视的范围,让学生既可以从目光中感受到严肃认真,也可以感受到长辈的温暖关怀。

### 四、教师目光注视的时间

在人的目光礼仪中,目光注视不同部位会体现出有不同的情感关系,同时,注视时间的长短也有不同的心理体会。注视时间恰当,会给人放松亲切的感觉;注视时间过长,会让别人感觉不舒服,从而破坏友好的交往氛围。教师面对学生时,也是同样的感受。

#### (一) 初次见面时的目光

当人们第一次见面时,开口互相介绍自己,双方的目光会有接触。一般而言,普通的交往场合互相对视三秒就可以。三秒的时间,足够双方做简单的自我介绍,同时完成握手或者鞠躬点头的礼节。一开始双方简短的对视,就会形成初步的印象了,随后的交谈交往中,更需要注意目光的各种礼仪。

教师与学生初次见面认识时,为了避免学生的紧张,可以注视学生的整个面部三到五秒,但时间不要太长,在学生自我介绍后,教师可以适当地收回目光。教师在与其他社会人士交往时,也要遵循这样的时间原则,因为大家不熟悉,没必要紧盯他人不放,盯视他人容易造成对方紧张不安。

#### (二) 与人交谈时的目光

人们在交谈时,一般来说,目光注视对方的时间占整个交谈时间的三分之二就可以了,不要交谈时一直盯着对方的面部,也不要目光交流少于三分之一。若谈话时心不在焉,目光游移不定,目光接触的时间少于三分之一,会被认为不够重视对方,不够重视这场谈话;若是交谈时目光紧盯对方,也会造成别人的不适。

**交谈时的目光**

教师经常会与学生谈话，一来了解学生的学习情况，二来也可以听取学生的各种问题反馈。在师生交谈期间，教师的目光是主导。教师要认真关注学生的整个谈话过程，目光要温和地看着学生，时长至少要三分之二，千万不可以一边干自己的事情，一边听学生的汇报，这样没有目光交流的谈话属于无效沟通，学生反馈的真实状况会被忽略掉，学生会产生不被重视的感觉。当然，教师也不要一直盯着学生看，因为学生会紧张而语无伦次或者言不由衷。

## 五、教师目光的变化与禁忌

教师是参与每个学生成长发展的重要人物。他们用什么样的方式对待学生，会深刻地影响到学生的一生。所以，教育无小事，细节决定成败，即使是一个眼神、一种目光注视方式，都会有强大的影响力。在学校里，通常教师与学生相处的时间比较长，在对待学生的各种方式中，一定要注意目光的合理运用。

### （一）目光的变化

在注视的方式上，教师与学生交谈时，注意不可以斜视，这会让学生产生轻慢的感觉，也不可以漫不经心地随意看一眼，这样会让学生觉得教师不在意，不重视自己，在这种情况下，学生的自尊心会受到伤害，甚至也会对教师产生反感。平时教师运用扫视时，是一种监督，不可频繁使用，经常这样做，学生会感觉到被监督而形成胆小紧张的个性特征，甚至会形成双重人格。

教师要注意学会运用不同的角度和方式来关注学生。因为不同的角度有不同的含义。正视，表示认真与庄重；斜视，表示不屑或冷漠；仰视，表示敬仰或思索；俯视，表示关切或审视等。在教育教学中，教师的目光运用要丰富灵活，也要恰到好处，要让学生从自己丰富明快的目光中，领悟到准确的情感表达和真实信息，真正地使目光成为一条重要的信息传输渠道，以收到良好的教育教学效果。

总之，不管用什么样的角度，什么样的时长，教师所有的目光中，都要透露出关爱、关切、温暖、慈祥、热情、接纳、赞许、信任、鼓励、期盼、认可、坚定的情感状态，这才是教师最应该有的目光。

以下是关于教师目光的诗歌：

*老师的目光*

老师的目光是严肃的，
每当我们犯了错误之后，
她都会细心地来指导我们！
老师的目光是和蔼的，

每当你被别人排斥的时候,
她会告诉同学们什么是错误!

老师的目光是理解的,
每当你上课总走神时,
她会悄悄地走进你的内心来了解你!
老师呀!您是多么无私,您是多么伟大!
您的真心打动着我们……
您的所作所为都印在我们的心里!

### (二)目光礼仪的禁忌

教师在学生中的地位往往至高无上,学生们渴望教师善意的目光、鼓励的目光,因为这样的目光能传递给学生自信和力量,能增强学生的自尊心、自信心,但是,有些目光却是学生害怕的、厌恶的,教师要杜绝这些目光。

1. 忌冷漠的目光

面对学生的时候没有热情,没有表情,目光中没有温度。这样的目光会扼杀学生的学习兴趣,甚至会让学生讨厌教师。学生从这样的目光中找不到一点点的爱和鼓励。长期冷漠对待学生,学生会失去学习的动力,甚至心理上也会逆反。

2. 忌忽视的目光

教师在与学生对话时,只顾做自己的事,不看着学生说话,这是一种怠慢、心不在焉甚至厌烦的心理表现。当学生无意地打断教师自己的事情时,请不要冷漠对待,要学会倾听学生,看见学生。

同时,要多用目光关注所有学生,不要只关注成绩好的学生,而忽略学习成绩较差的学生。忽视的目光容易导致学生的自尊心受到伤害,甚至会产生自卑心理,最终影响到学生的心理健康。

3. 忌责怪的目光

学生犯错误时,教师不要用责怪的目光注视学生,这种目光容易使学生产生害怕或逆反心理,造成学生对教师的抵抗,割裂师生间的友谊,使两者矛盾激化,不利于学生健康人格的发展。

4. 忌不信任的目光

任何学生都希望得到教师的赞赏和鼓励。他们需要教师的关注和信任,请不要用不信任的目光看待学生,这会打击学生的积极性和上进心。

5. 忌嘲讽和鄙视的目光

不要在学生回答问题错误,或者有其他错误行为发生时,用鄙视和嘲讽的目光注视学生。即使学生有错误,可以就事论事,心平气和地讨论问题,而不是用嘲讽和鄙视的目光伤害学生,这会造成学生的自卑心理或者自暴自弃的心理状态,更可能会引起强烈的紧张不安或者逆反心理。

6. 忌呆板的目光

有些教师的目光不冷漠,但是也不够灵活,看起来缺乏生机和灵活性。教师主要职责是教书育人,目光呆滞的教师会引起学生的不适和不满,同样会对学生造成不良的心理影响。

7. 忌眼珠转太快

目光游移不定、眼珠快速转动的教师,会让学生产生教师能力不足、人品欠佳的感觉,这会失去教师的威严感和庄重感。所以,教师要注意眼珠转动速度和频率,不要太快。

教师的目光会因为生活习惯不同而各有差别,但是只要心中有爱,有学生,他的目光一定会是恰当的、得体的、温暖的。倘若要恰当使用目光,让每种目光都充满教育的力量,那么,可以试着去想象你面前的每个学生,就是你最疼爱的孩子,他们的未来就是你的未来,他们的前途就是你的前途,请爱他们吧!爱自己的孩子是本能,爱别人的孩子才是真正的伟大,教师的伟大就在于此。

## 第二节 教师的微笑礼仪

微笑是人类独有的最美表情,如果说眼睛是心灵的窗户,那么,微笑就是心灵的模样。微笑的表情配合着善意的眼神,是这个是世界上最有感染力的语言。微笑是一个人善意的表达,即使无声,也能彼此沟通。微笑体现一个人的素养,微笑是面部最美的表情。微笑像花朵般开放,像阳光般温暖。微笑蕴含着丰富的意义,戴尔·卡耐基说:"一个人脸上的表情比他身上穿的更重要。"教师的微笑更具有无穷的教育魅力。

## 一、教师微笑的意义

在这个美好的世界上,微笑有着不可比拟的魅力。微笑是人际交往的名片,是最有效地传情达意的手段。

### (一)教师的微笑是个人形象的名片

一个人,不管从事什么职业,拥有什么样的身份地位,他的面部表情会真实地体现出他个人独有的一切,包括他的心情、品性、脾气、心胸、气度等。即使刻意掩饰,那些微妙的表情也会出卖真实的状态。所以,喜怒哀乐虽然是常见的表情,却是体现个人深层次心理的一张名片。作为社会人的个体,有不同的分工和职业,不管何种职业,都有一定的礼仪要求。比如服务行业中,餐厅服务员、空乘人员、银行职员等都需要面带微笑出现在顾客面前,这是职业规范的要求。作为教师也应体现职业特点。虽然教育行业没有明文规定教师一定要微笑待人,但是作为个人来讲,微笑的意义非比寻常。

**教师微笑礼仪**

常常微笑的人,会有某种天然的吸引力、亲和力,这是教师应该具备的能力。时常面带微笑的人,表明他的内心是平和的、善意的、阳光的,表明这个人个性良好。人们常说爱笑的人运气不会太差,这说明一个爱笑的人体现出了善意,那么周围就会有善意的相随。

教师是一个与学生打交道的职业。教师拥有善意的微笑、真诚的微笑,就像是自带光环,会成为学生眼中有魅力的教师,成为大家信赖的教师,会影响学生的发展。人人都爱善良的品质,所以教师一定要学会微笑,这是个人基本品质的体现,也是职业特点的要求。

总的来说,教师的微笑能体现以下四个方面的意义:

1. 体现教师的爱岗敬业

教师在工作中经常微笑,说明热爱本职工作,遵守教师职业道德。不管在课上还是在课下,微笑可以创造一种和谐融洽的气氛,让学生感到愉快和温暖。而在工作中不会微笑的教师,能体现出几分对教育事业的热爱呢?

2. 体现教师的良好心态

一般而言,心态平和、心境开朗的教师,会不自觉地带着愉悦的微笑,使周围人感觉到积极向上的人生态度,对学生对同事也是一种积极的影响。

3. 体现教师个人的自信

常常面带微笑的教师,会带给人自信乐观的感觉。这表明教师对工作、生活有充分的自信,带着微笑出现在课堂,会带给学生放松的心理,增加学生学习的兴趣。

4. 体现教师的真诚友善

微笑是善意的表达,反映出自己善良友好、待人真心实意,而非虚情假意的心理,这是一种强大的吸引力量,会很快缩短与学生的心理距离。学生也会在教师的笑容里找到尊重、真诚和友善。

## (二)教师的微笑对学生的意义重大

微笑作为一种最有魅力的无声语言,是教师与学生之间沟通的最佳桥梁,是教师影响学生发展的最佳手段。教师和学生的交往在学校教育中无处不在,一个善意的眼神、一个鼓励的微笑、一句亲切的话语有时会对学生产生久远的影响。

1. 教师的微笑可以迅速缩短师生间心理距离

微笑是令人感觉愉快的面部表情,它可以迅速缩短师生之间的心理距离,可以创造出温馨、和谐的心理氛围。微笑体现出教师的和善友好,任何人都喜欢笑容满面的人。有的小学生曾在作文中写到,他们喜欢老师的笑脸,感觉很放松,更愿意听老师讲课。

现在的学生都有着非凡的观察能力。他们会察言观色,会根据老师的表情来猜测老师对自己的感觉。如果老师带着不愉快的表情走进教室,孩子会误认为老师不喜欢自己。如果老师的情绪饱满、笑容可掬,那么学生的心理是放松的、安全的,无形中师生间的心理距离就拉近了。教师的笑容是开启良好师生关系的钥匙。

2. 教师的微笑有助于提高学生的学习兴趣

教师微笑很有教育意义。教师任何一个表情都能带给学生某种暗示,特别是对小学阶段的学生。古语说的"亲其师而信其道",如果教师在一进入教室的时候就面带微笑,配以恰当的眼神,这必然会激起学生的兴趣,这样的课堂必然会充满

生机和活力。教师微笑着讲话的方式,要比严肃和理性的言语更有吸引力和说服力。因为微笑透露出爱和信任、理解和尊重,这是如同阳光般温暖的感觉。

一个充满微笑且表情自然丰富的老师,会深深地感染到学生,能使学生培养出爱的能力和美好的品质。教师的微笑是一种积极的生活态度,是一种正确的教育理念,是一种无形却有极大影响力的教育资源。

3. 教师的微笑能促进学生心理健康发展

任何一个处在成长期的儿童,他们的心理大多是脆弱的。他们希望教师看到他、欣赏他、尊重他,他才有继续前进的动力和激情。即使学生犯了错误,教师能用微笑的方式指出错误,提出要求,也比用简单粗暴的言语和眼神更加有信服力。人与人的沟通,除了有声的言语,要想达到更深刻的理解,还必须有恰当的表情,微笑的表情就有这种魅力。

4. 教师的微笑是学生全面发展的动力

教师的微笑配合以合适的目光,将是一种和谐的春风般的面部表情。这些表情的背后,蕴含着教师对学生的热爱,对教育事业的高度责任感和忠诚心。教师的所有教育行为、教育方式,都不应该仅仅停留在传统的教育观念上,不能仅仅局限于学生的成绩问题上。教育的本质在于传递爱与希望。教育是要让学生在教师真正的关怀和爱当中成长,而不仅仅是为了提高课堂教学效率,为了成绩服务。学生的发展应该是全面的。教师除了知识的引领以外,更要进行学生健全情感道德的引领。教师微笑的真正意义在于,学生从教师的笑容中得到了认可、安慰、鼓励、期盼和信任,他们不再焦虑紧张、担心、怀疑、彷徨等。教师的微笑有着潜移默化的影响力量。

### (三) 教师的微笑是校园人际交往的通行证

教师的生活圈子除了学生,还有周边的同事、朋友,甚至学生家长。一个常常面带微笑的人,会带给人容易相处、有涵养的感觉,所以作为教师,即使在日常社会生活中,也要体现出自身的素养和品格。与人交往时,带着得体优雅的微笑,很容易赢得他人的喜爱和尊重,也有利于开展各项工作,获得更多的支持与帮助。

## 二、教师微笑的分类

笑是人类最自然、最丰富的表情。笑容具有丰富的内涵,不同的笑容会带给人不同的心理感受和暗示性。对于教师而言,经常面对学生,他的一颦一笑,会深深地影响到学生的心情和感受。所以,教师要学会运用不同的笑容,来表现得体的教育意图。

### (一) 浅笑

浅笑也叫小微笑,是指教师的面部放松,嘴角同时上提,不露齿不发声,同时配合相应的眼神。

(1) 表达善意和理解心理时,浅浅的微笑配合以理解的目光,会让学生心理放松并且产生信赖感。

(2) 表示鼓励时,浅笑和期许的目光配合,会让学生体会到教师的鼓励和支持。

(3) 表示信任学生时,浅笑和信任的目光配合,会加强信任的力量感,学生会受到鼓舞和激励,学生的表现会更加优秀。

(4) 表达提醒学生注意时,浅笑配合以探寻和疑问的目光,会让学生立即领悟教师的提醒意图,不需要严厉指责。

### (二) 大微笑

大微笑是指教师的面部放松,嘴角同时上提,露出适度的牙齿,不发声,同时眉毛眼睛蕴含笑意。这种微笑的动作较大,更是一种具有感染力的表情。

当学生取得好成绩时,教师的这种具有感染力的微笑会让学生感受到被尊重和被重视。任何人都希望被他人重视和欣赏,所以教师面对学生时,如果能绽放出大大的微笑,并且配合以期许、信任和欣赏的眼神,学生受到的鼓舞会更大,更会有新的发展动力和激情。

大微笑的运用场合可以是较为严肃的课堂,这可以缓解学生的紧张情绪和压力;也适用于欢乐的场合,比如学生的演出;还可以用于疏导学生的不良情绪。当学生有情绪问题时,教师的善意微笑,会大大改善学生的情绪状况。即使在训导学生的时候,还未开口前,给学生一个大大的微笑,也许比语言的训导会更让学生有悔过之心和改正的决心。真正的教育不一定是板着面孔的样子,笑容是一种教育资源,更是一种教育财富。教师的笑容是学生成长发展的驱动力。

### (三) 大笑

大笑是指教师面部肌肉动作幅度较大,嘴角打开,露出牙齿并且发出愉快的声音,同时眼神有笑意。这种笑容,更是发自内心的一种生动的表情。

当一位教师在生活中、在课堂上大笑的时候,相信这位课堂是有活力的课堂,相信这位教师是有魅力、开朗、积极乐观的教师。因为笑声是一个人心态的反映,爱笑的人,更有亲和力,更容易被学生接纳和喜爱。当课堂上响起爽朗的笑声时,学生的情绪也会受到感染,课堂氛围也是积极而热烈的。

### 三、教师微笑的禁忌

教师这样一个伟大而富有影响力的角色，容不得一点疏忽。因为学生们的心是那么的敏感和脆弱，任何一个闪失都会带给他们心灵深处某种伤痛，甚至会影响到学生以后的发展。即使到了成年，仍然有人会回忆起，曾经是怎样的一种表情言语，深深地刺痛过他。所以在任何时候与学生面对时，一定要把握好分寸，在举手投足之间，在一颦一笑之中，把善意传递出来，把教师的大爱体现出来。以下几种微笑的方式，教师应该杜绝。

#### （一）讥笑

讥笑是指教师在面对学生时，面部呈现出讽刺挖苦的笑容，同时目光中也表现出不屑的神情，这是教师应该杜绝的表情，这个表情最伤害学生的心理。它会让学生感到自己一无是处，或者不值得被爱和尊重，会严重打击学生的自尊心和自信心，甚至会引起学生的逆反情绪。

也许学生在某个时刻犯了小错，也许是做错题，也许是课堂上影响了他人，或者是没明白教师的言语，这个时候教师应该做的是平静而温和地、带有期许意图地去询问学生所面临的困惑和问题，而不是一个讽刺挖苦的笑容，加上一种冷漠的言语，这样不会解决任何问题，反而会加深师生间的误解和矛盾，这样极其不利于学生的心理健康成长和发展。教师的重要职责是引导学生健康发展。

#### （二）冷笑

冷笑是指不带感情的冷漠的笑容。教师经常与学生相处，在面对学生时，无论如何，不可以发出冷漠的笑声。即使学生真的处于学习后进的状态，即使所犯的错误比较严重，教师的职责是让学生明辨是非、积极向上，而不是在学生处于某种学业的不良境地，或者生活某种困境时，教师冷面相对。只要是学生，只要他们在学校，他们就是一群需要引导和帮助的未成年人和社会的新生力量，教师不能因为自己的心情或者学生的状况，而表现出冷漠、反感或者放弃的态度和表情。学校就是容许学生犯错的地方，有错误可以教导学生改过，但是冷漠的笑容，却如一颗隐形的炸弹，一旦埋入学生心田，后果不堪设想。受到这种态度打击的学生，他们对于社会的认知，会不会有阴暗的一面呢？有爱才会有惩罚，没有爱，只有惩罚的教育，能称之为教育吗？所以，教师的表情运用要合理和克制。

以上两类笑容是教师要杜绝的，因为笑的本质是接纳、信任、开心、满意，而不是破坏性的。在教师的笑容里成长的学生会更加热爱生活，更加能够健康成长。其他的笑容，比如狂笑、狞笑、皮笑肉不笑、突然大笑等，都不是教师应该有的表情。

## 四、微笑的训练法

笑是人的天性。发自内心的微笑是渗透情感的微笑，包含着对人的关怀、热忱和爱。作为教师，笑容是必不可少的表情。笑不仅仅是对学生有积极作用，对自身也有积极作用。俗语说，笑一笑，十年少。笑能拉近师生关系，也能促进自身健康，益寿延年。笑并不难，只要发自真心，源于尊重和爱，从良善的心态出发，笑容就会绽放，笑容就最迷人。可是有的教师笑起来不够美观，或者干脆是不习惯笑，那么，以下几种方式有助于训练出得体的笑容。

### （一）对镜练习法

面对镜子，看着自己的面部，两侧嘴角同时上提，眼睛含笑，这是初步的浅微笑。然后发出"一、七"等开口音，注意自己的面部状态，关键是眼睛要笑意出现，这样的笑容才最美。找到最美的嘴角位置和眼神状态，保持、反复训练，直到成为自己的习惯性微笑，这样最美最得体的笑容就成功了。完美的笑容不是死板的笑容，记得要用心，做到嘴笑、眼笑、心笑三合一，才是真实的笑。

微笑训练

### （二）想象法

美好的笑容需要想象力。当一个人在回忆或者想象美好故事场景时，总会不自觉地微笑起来，这时的笑容最迷人。倘若在上课前，在面对学生之前，能回忆美好的过去、愉快的经历，或者展望美好的未来，融入情感，笑容就会完美绽放。教师的笑容是充满想象力的体现。

### （三）熏陶法

听有趣的笑话、看温暖的书、听动人的音乐等，凡是能促进教师自身综合素养提升的事物，都可以成为微笑的来源和动力。

### （四）矫正法

假若教师的笑容有嘴角不平衡的现象，可以采用矫正法。取一根木筷，用门牙轻咬，对着镜子调整两边嘴角的上翘幅度，直到两边平衡，保持十秒，找到这种感觉，经常练习，可以矫正笑容存在的问题。比如上牙龈暴露太多这个问题，练习时

需要下压上嘴唇,稍稍用力,就可以矫正。利用业余时间练习,可以有效矫正这些问题。

不论怎样的笑,教师只要是发自真心、有真情参与的笑,才最有魅力。

### 思考与讨论

1. 教师的表情对学生有何重要意义?
2. 教师的微笑会带给学生什么益处?
3. 在学习生活中,你有遇到过爱笑的教师吗?他(她)带给你什么感受和影响?

# 第六章
# 教师的言谈礼仪

与人善言,暖于布帛;伤人之言,深于矛戟。
——荀况

**本章提示**：语言是人类沟通信息的桥梁和重要渠道。语言交谈是人的一种基本能力。运用语言交谈可以表达思想情感,在人际交往中有非常重要的作用。言语交谈可以展示出个人素质、思想层次,甚至是深层次人格的心理特征。古人云:"言为心声,语为人镜。"教师是运用语言功能最多的人群,语言使用得好坏直接影响到学生的成长和发展,所以教师要注意自己的语言使用规范,体现出教师应该有的文化素养。

最让学生感动的教师话语
教师的话对一个孩子的影响

# 第一节 教师言谈礼仪概述

教师是运用语言能力最多的群体。不管是课堂知识的传递，还是日常工作中的教育和交流，都需要语言能力。教师的一言一语，无不影响着学生的心理、学生的情绪甚至是行为习惯。教师的言语表达必须符合生活礼仪的要求，更要符合职业素养的要求。教师的言谈带给学生的影响，可以用古人的俗语概括："良言一句三冬暖，恶语伤人六月寒。"这句话的含义是好的言语能温暖人心，坏的言语却伤害人心。不管是课堂上的语言交流还是课后的交谈，教师言语就有这样的力量。教师常常鼓励学生，学生的学习兴趣和动力会提高，对学生有促进作用。倘若教师不加注意，一句不恰当的语言，也会伤害学生的内心，让学生失去原本积极的学习兴趣，甚至失去自信。教育对每个人来说，都是最重要的成长基石，教师就是给学生奠基之人，教师的言语教导起着重要的作用。

## 一、教师言谈礼仪的重要性

### （一）教师得体的言谈体现职业素养

一个人说出的话，表达出的情感，都是个人内心世界的呈现。良好的语言表

教师交谈

达，让人体会到说话者的良好素养；不恰当的语言表达，也体现说话者的某种素养的缺失。教师为人师表，言谈举止更应该符合社会规范和职业要求。优秀的教师善用得体的言语鼓励、表扬学生，以达到教育教学的目的。良好的言语是善的德性体现，能体现出教师热爱教育事业的品格。一般的教师，面对学生的问题时，偶尔会失控，选择不够良善的语言刺激学生，这反映出教师对自身情绪把控力的不足。教师要学会选择合适的言语与学生交谈，其实这也是个人情绪和表达能力的体现，更是教师职业的要求。

### （二）教师恰当的言谈影响学生的成长发展

学生是一群需要用心呵护的准社会人，在学校习得的一切会影响到他个人的成长发展。良善的教师会在学生成长的道路上添砖加瓦，或者雪中送炭，或者锦上添花。在学生成长的重要时刻，提醒或者督促学生，起到推动的作用。这样的学生在成长过程中会少一些阻碍，成长会比较顺利，心理会比较健康。而有时候，教师某些不当的言语，也可能成为学生成长过程中的一个障碍、一个困难。比如，有些教师急于求成，在学生学业有问题的时候，不是耐心帮助，而是一句："你怎么这么笨！"以此来表达对学生恨铁不成钢的心理，即使教师的初衷是好意，可是一句不当的言语，就有可能给学生造成心理上的伤害。也许在若干年后，这句话仍然在学生心中回荡。教师对学生的责任感，对学生的爱，除了用表情或者肢体语言表现出来，更会通过语言体现出来。所以说，责任感不是一句空口号，而是教师的日常言行。

### （三）教师适度的言谈影响个人的人际交往

人际交往是生活的必然，没有人会生活在真空里不与人来往。言谈举止得体的人会成为人际交往中的明星，成为受欢迎的人。教师的生活主体在学校范围，除了与学生朝夕相处，也与同事、领导、朋友相处。一般有分寸感和界限感的教师，也是受欢迎的人。同事之间、朋友之间交流感情、生活，沟通信息无可厚非，但是要把握分寸，该说的可以说，有些较为隐私的话题尽量避免。谈话的目的是让自己和他人愉快地交换信息，但不是给他人和自己添堵。

## 二、教师言谈礼仪的原则

任何一种规则和要求总是基于一定的原则规范，交谈的礼仪要求也是如此。教师的言谈礼仪原则如下。

### (一) 尊重原则

交谈的目的是交换信息,或者是表达情感,分享思想。谈话者基于谈话内容和行为而受益。一个观点或者一个信息分享出去,会让其他多个受众的信息和观点更加丰富,人类文化的发展和融合大抵如此。分享或者交换的基础是尊重。不管是信息传递者还是接受者,双方互相尊重,平等地沟通交流,才能让双方的思想观念或者信息,自由流畅地抵达对方,被对方理解接纳。尊重意味着敞开心扉,不带偏见地倾听接纳,意味着即使观点不同,也可以在友好的氛围中完成谈话,而不是有一方唯我独尊,一个人侃侃而谈,另外的人只能选择静默。好的交谈一定是彼此和谐、思维共振、心理上彼此接近的。这一切源于我与你之间的尊重,尊重是一种纽带。教师不管对学生还是同事,在交谈时要有尊重对方的心态和理念。就像法国启蒙思想家伏尔泰曾说过:"我不同意你说的每一句话,但我誓死捍卫你说话的权利。"尊重是基本的礼貌。

### (二) 真诚原则

交谈除了交流信息、分享思想以外,更多的时候这种方式被人称作"谈心"。交谈本来就是要表达情感、表明情绪的。谈话的内容来源于真心,来源于真情,会被人认可和接受。若是言不由衷,虚情假意,这样的交谈就仅仅剩下了交流信息的意味,而失去了交谈的本质意义了。交谈的本质意义是人类生活的分享行为,分享情感,分享喜怒哀乐,分享一切能带给人心灵慰藉的信息。

教师的工作除了传授知识,更多地承担着育人的重任。育人的重心是培育学生良善的道德。一切美德的培育都需要善意的教导。教师平时对学生的言语规训和品德塑造,都离不开真诚的语言。能走进学生心中的教师一定是真诚的教师,一定是用心来交流和沟通的教师。唯有用心,才会被心灵接纳,才会起到真正的育人作用。人的美德中真诚就是善的体现,是教师应该有的职业素养。真诚就是一种教育。

### (三) 平等原则

人与人的交往和相处需要遵循平等的原则。人与人之间虽然有职业和身份的差别,但是在人格层面是完全平等的。倘若一个人总是趾高气扬,对别人总是不屑一顾,那么这样的行为是非常失礼的。这种行为方式一方面显示出个人礼仪素养知识的缺乏,另一方面也体现出个人心理上的自傲或者虚张声势。人们常说的平易近人、尊重别人、平等待人等是所有人类基本素养中最核心的部分。平等意味着认真对待他人,平等地对话相处,从心理上真正尊重他人。平等是一种人际交往的

态度,是一个人品质素养的重要部分。

作为教师,对待学生或者同事,要做到平等对待,不管是语言的交流,还是表情的体现,都要有真正平等的态度,这样才容易被学生或者他人接纳自己的观点,这样的交往才会达成信息的真正沟通。对于学生而言,才更容易接受教师的教诲。教师是长者,是学生成长的引导者,是一个光辉的榜样,教师的平等态度也传递给所有的学生,形成学生健康的人格特点。

### (四)适度原则

人们的交谈,总会带有一定的目的性,不管出于什么目的,最终交谈的结果应该是双方满意或者达成共识,由此展开良好的交往关系。但是有时候并不是任何一个交谈都会带来好的结果。有时一些谈话者因为没有把握好适度原则,而导致谈话失败,良好的交谈氛围被破坏,或者交谈话题不得不尽早结束。比如生活中的交谈有时候会无意识地涉及个人隐私问题,谈论到此话题时应当适可而止,不要穷追猛打,锲而不舍地追问。在学术领域上的追问是科学探索的精神,而生活中的追问有时会成为他人的噩梦。善于交谈的人会避开不合适的话题,尽量照顾到他人的情绪和心理感受,这样的交谈者是高情商的表现。

教师是知识分子,更要注意与他人交谈时,尽量避免让别人感到尴尬或者窘迫。对于学生而言,有的谈话内容适宜单独了解,就要在适宜的场地与学生交谈,不可以让学生感到紧张不安,甚至尴尬无措;与同事交谈也要避开谈话的雷区,对于个人的隐私,不要打听太多,甚至到处传播。人人都有不愿被别人提及的隐私,所以不管对什么人,不管是表达什么样的信息情绪,都要适可而止。语言的魅力有时在于含蓄,而不是太过于直接。

## 三、教师交谈的语言礼仪和内容界限

交谈是人们进行思想和情感沟通的主要方式。要想达到真正的沟通,必须注意语言的运用。人们都喜欢和有礼貌的人交谈,意味着交谈时双方的语言要符合礼仪规范,用词要准确得体,表达要清楚明白,不可以词不达意,或者用词不当。善谈的人可以营造出和谐的谈话氛围,能吸引他人,成功传递信息,获得有效沟通。不善于谈话的人,可能一开口就让人失去了谈话的兴趣,或者破坏了谈话的良好氛围。所以,谈话所使用的语言需要慎重对待。

教师在学校工作环境中往往是谈话的倡导者、组织者,甚至是谈话中最重要的主体。教师运用语言的能力既反映其品性修养,也反映出其对待工作的态度甚至是教育能力问题。教师的任何一项谈话,都与学生的成长发展息息相关。倘若一句话不恰当、不合适,可能会毁掉学生对教师的喜爱和信任,甚至会造成学生今后

人生中的某种阴影。散文家毕淑敏女士写过这样一篇回忆小文:

### 毕淑敏:谁是你的重要他人

她是我的音乐老师,那时很年轻,梳着长长的大辫子,有两个很深的酒窝,笑起来十分清丽。当然,她生气的时候酒窝隐没,脸绷得像一块苏打饼干,很是严厉。那时我大约十一岁,个子长得很高,是大队委员。

学校组织"红五月"歌咏比赛,最被看好的是男女声小合唱,音乐老师亲任指挥。我很荣幸被选中。有一天练歌的时候,长辫子音乐老师,突然把指挥棒一丢,一个箭步从台上跳下来,侧着耳朵,走到队伍里,歪着脖子听我们唱歌。大家一看老师这么重视,唱得就格外起劲。

长辫子老师铁青着脸转了一圈儿,最后走到我面前,做了一个斩钉截铁的手势,整个队伍瞬间安静下来。她叉着腰,一字一顿地说:"毕淑敏,我在指挥台上总听到一个人跑调儿,不知是谁。现在总算找出来了,原来就是你!一颗老鼠屎坏了一锅汤!现在,我把你除名了。"

我木木地站在那里,无法接受这突如其来的打击。刚才老师在我身旁停留得格外久,我还以为她欣赏我的歌喉,唱得分外起劲,不想却被抓了个"现行"。我灰溜溜地挪出队伍,羞愧难当地走出教室。

三天后,我正在操场上练球,小合唱队的一个女生气喘吁吁跑来说:"毕淑敏,原来你在这里!音乐老师到处找你呢!"

从操场到音乐教室那几分钟路程,我内心充满了幸福和憧憬。走到音乐教室,长辫子老师不耐烦地说:"你小小年纪,怎么就长了这么高的个子?!"

我听出话中的谴责之意,不由自主地就弓了身子塌了腰。从此,这个姿势贯穿了我整个少年和青年时代。

老师的怒气显然还没发泄完,她说:"你个子这么高,唱歌的时候得站在队列中间,你跑调走了,我还得让另外一个男生也下去,队列才平衡。小合唱本来就没有几个人,队伍一下子短了半截,这还怎么唱?现找这么高个子的女生,合上大家的节奏,哪那么容易?现在,只剩下最后一个法子了……"

长辫子老师站起来,脸绷得好似新纳好的鞋底。她说:"毕淑敏,你听好,你人可以回到队伍里,但要记住,从现在开始,你只能干张嘴,绝不可以发出任何声音!"说完,她还害怕我领会不到位,伸出细长的食指,笔直地挡在我的嘴唇间。

我好半天才明白了长辫子老师的禁令,让我做一个只张嘴不出声的木头人。我的泪水憋在眼眶里打转,却不敢流出来。我没有勇气对长辫子老师说,如果做傀儡,我就退出小合唱队。在无言的委屈中,我默默地站到了队伍之中,从此随着器乐的节奏,口形翕动,却不能发出任何声音。长辫子老师还是不放心,只要一听到不和谐音,锥子般的目光第一个就刺到我身上……

小合唱在"红五月"歌咏比赛中拿了很好的名次,只是我从此遗下再不能唱歌的毛病。毕业的时候,音乐考试是每个学生唱一支歌,但我根本发不出自己的声音。音乐老师已经换人,并不知道这段往事,很是奇怪。我含着泪说,老师,不是我不想唱,是我真的唱不出来。

后来,我报考北京外国语学院附中,口试的时候,又有一条考唱歌。我非常决绝地对主考官说,我不会唱歌。

在以后几十年的岁月中,长辫子老师那竖起的食指,如同一道符咒,锁住了我的咽喉。禁令铺张蔓延,到了凡是需要用嗓子的时候,我就忐忑不安,逃避退缩。我不但再也没有唱过歌,就连当众演讲和出席会议做必要的发言,我也是能躲就躲,找出种种理由推脱搪塞。有时在会场上,眼看要轮到自己发言了,我会找借口上洗手间溜出去。有人以为这是我的倨傲和轻慢,甚至是失礼,只有我自己才知道,是内心深处不可言喻的恐惧和哀痛在作祟。

直到有一天,我在做"谁是你的重要他人"这个游戏时,写下了一系列对我有重要影响的人物之后,脑海中不由自主地浮现出了长辫子音乐老师那有着美丽的酒窝却像铁板一样森严的面孔,一阵战栗滚过心头。于是我知道了,她是我的"重要他人"。虽然我已忘却了她的名字,虽然今天的我以一个成人的智力,已能明白她当时的用意和苦衷,但我无法抹去她在一个少年心中留下的惨痛记忆。烙红的伤痕直到数十年后依然冒着焦煳的青烟。

我们的某些性格和反应模式,由于这些"重要他人"的影响,而被打上了深深的烙印。那时你还小,你受了伤,那不是你的错。但你的伤口至今还在流血,你却要自己想法包扎。如果它还像下水道的出口一样嗖嗖地冒着污浊的气味,还对你的今天、明天继续发挥着强烈的影响,那是因为你仍在听之任之。童年的记忆无法改写,但对一个成年人来说,却可以循着"重要他人"这条缆绳重新梳理,重新审视我们的规则和模式。如果它是合理的,就把它变成金色的风帆,成为理智的一部分;如果它是晦暗的荆棘,就用成年人有力的双手把它粉碎。

当我把这一切想清楚之后,好像有热风从脚底升起,我能清楚地感受到长久以来禁锢在我咽喉处的冰霜噼噼啪啪地裂开了。一个轻松畅快的我,从符咒之下解放了出来。从那一天开始,我可以唱歌了,也可以面对众人讲话而不胆战心惊了。从那一天开始,我宽恕了我的长辫子老师,并把这段经历讲给其他老师听,希望他们谨慎小心地面对孩子稚弱的心灵。童年时被烙下的负面情感,是难以简单地用时间的橡皮轻易擦去的。

可见,教师的无心之过,其实也是教育能力和教育素养缺失的体现。这样的谈话会带给学生无法弥补的心灵创伤,除非学生成年后可以自己修复创伤。

那么，教师的言谈中，哪些语言可以使用，哪些不可以使用呢？

**（一）礼貌用语的使用**

生活中受欢迎的人总是说话得体、让人心里舒服的人，这样的人都有一个共同点，就是会使用敬语。比如，开口讲话前礼貌地称呼对方，可以是按照约定俗成的规则，也可以是按照长幼辈分的规矩。教师与学生、同事和领导谈话时，称谓的运用合理与否，也起到了谈话的桥梁作用，甚至影响到谈话的氛围和质量问题。

1. 称谓要符合规则

称谓指的是人们交谈时对他人合乎规范的称呼。交谈时的称呼行为，像是一把钥匙，可以开启交谈的序幕。称呼合理得体，有礼貌，符合场景，符合各自的身份，才会创设出一个好的谈话氛围。倘若一开口就胡乱用称呼，可能一下子就使交谈陷入尴尬或者是僵局境地了。

（1）姓氏加职业称呼法

校园内外，遇到同事时，若是遇到晚辈，可以直接称呼对方的姓名；遇到长辈，可以用姓氏加老师，或者姓氏加教授就可以。不管是长辈还是晚辈，都可以采用姓氏加职业的称呼方式来打招呼和交谈。这是对他人的一种尊重体现，但不可以在工作场合直呼他人小名、绰号、网名或者略显江湖意味的兄弟姊妹等称呼。学校是育人的场所，教师的言语要恰当和规范，才符合教师的形象。

（2）姓氏加职级称呼法。

工作中遇到学校领导，要按照领导的职级来称呼比较合适。比如，王校长、李主任等，不可以用生活中的"老王、老李"来称呼对方。称呼他人要看场合。在生活中，私下里可以用朋友间的专属称呼，但是在工作场所，要按照各自身份级别来称呼较为得体。这既是对领导岗位的尊重，也是个人职业成熟度的体现。

（3）全名称呼法

面对学生的时候，教师的称呼请慎重和小心。面对普通的学生，直呼其名就是一种礼貌。师生间的友好和亲近就是从自己的名字被记住开始的。卡耐基曾说过一句话，他说一种简单、明显、最重要的获得他人好感的方法，那就是记住他人的姓名，使他人感觉他对于别人很重要。教师直呼学生全名，是拉近师生间心理距离的一种简单方式。

对于学校中常见的部分学困生，教师在谈话时的称呼更应该慎重。一个有职业素养，有真正大爱的教师，即使面对学困生，也绝对不应该用侮辱性的称呼称呼对方，而应该称呼学生全名。任何人都有被尊重的权利和愿望。即使出于教育的目的，对于学生而言，都不可以用侮辱性的、评价性的称呼，孩子们的心是脆弱的。教师的一个不当语言，就是一把利刃，对学生的伤害是无法想象的。

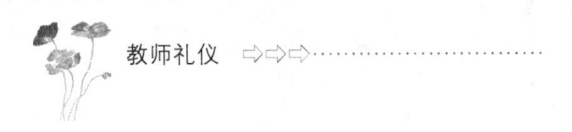

### 2. 交谈用语要礼貌

生活的礼貌用语同样适用于学校场所。这些礼貌用语分别是：您好、请、谢谢、对不起、再见等。这些词汇的合理运用可以增强交谈双方的好感度和信任度。

教师本就是育人的典范，在学校的言语自然有着示范的作用。假如教师在课堂上是彬彬有礼的样子，在课后却满嘴不恰当的言辞，这会造成学生的疑惑和不信任。所以，生活常识中的礼貌用语，也是教师言语素养要求中必不可少的一部分。

### (二) 交谈内容的界限

交谈本来是人类最基本的交换信息、沟通情感的行为。良好的交谈表现为氛围浓厚、兴趣盎然、欢声笑语；或者沉思顿悟、引人遐思。但是，有些谈话却会让人如坐针毡、毫无兴趣，甚至谈话陷入僵局，氛围尴尬不已。这就和谈话的内容有一定的关系。教师要懂得哪些话题可以与人交谈，哪些则是要避免的。

#### 1. 适宜交谈的话题

适合交谈的话题较多，归纳下来有以下几类：

（1）令人愉快的话题

与同事朋友在闲暇时间交谈时，可以选择愉快的话题。比如天气、愉快的新闻、影视、娱乐信息、时尚潮流、体育盛事、优秀书籍、心理学、教育学问题等都是可以作为公开谈资，供大家一起休闲交流。

（2）工作的问题

在工作场所，比如教师办公室，可以谈论教育教学问题、课程问题、学生问题、考试问题等，所涉及的都是与工作有关的事项，可以作为谈话主题的话题。

（3）他人的优点和个人的趣味问题

与同事朋友聊天可以谈论他人的优点、喜讯，也可以是有趣味有品位的爱好兴趣等。比如结婚生子、旅游拍照、养花养草、钓鱼集邮等，都是不错的话题。

与学生交谈的话题，可以是学生的兴趣爱好、今后的学习计划、目前的改进措施、教师的期待、同学的友谊，等等。

#### 2. 不适宜交谈的话题

交谈的原则是真诚真心，可是谈话也是有选择和讲究的。不适宜的话题会让人尴尬甚至不快，也可能导致双方的情谊出现问题。

不适宜公开谈论的话题有以下几类：

（1）别人的隐私不可谈

人人都有不愿别人提起的隐私。这些隐私包括个人收入、过往经历、婚姻子女、健康疾病、身理缺陷等。不管是面对同事，还是学生，教师在涉及这些方面内容时，一定要注意并且要避免直接或者间接询问他人，或者向旁人打听。

（2）容易引起心理不适的话题不可谈

凡是让别人产生厌恶、抵触，甚至恐惧的内容都不可以作为交谈的话题。比如疾病、死亡、灾难、恐惧、小道消息、家长里短等。毕竟人的心理素质不同，有些自己认为无所谓的话题，对别人来说，却是一种折磨。

教师尽量避免公开谈论学生的成绩问题、行为问题、父母婚姻问题等，以免引起学生的反感甚至敌对情绪。

（3）评价他人的话题不可谈

有些时候人们交谈中会涉及他人，尤其是涉及他人的人品、能力、衣着品位，甚至相貌身材等，这些话题请一定要及时停止。因为我们不了解他人，不知道他人的成长经历或者生活环境，他人的好坏不是我们可以无端评价和判断的。不管是同事、朋友，或者是学生，他们都是他人，都有自己历来习得的习惯和生活方式，我们只能去尝试理解和接纳，而不是用另类的目光审视他们。对于学生而言，更是如此。倘若一个学生忽然一段时间成绩下滑，精神状态不好，教师应该了解其背后的原因，是家庭的问题，还是学业压力的问题，教师不可以一厢情愿地认为，学生有错，就可以大肆地品评谈论。

## 四、教师交谈的恰当方式

良好的交谈要维持下去，除了选择适宜的话题，还需要注意交谈时双方的肢体语言和表情语言，同时也要注意语言的配合等。

**教师交谈方式**

## （一）肢体语言和表情的配合

1. 目光适度接触

交谈时，一方在讲话时，另一方要目光注视对方的面部。运用目光礼仪的人际关系注视就可以。教师与学生交谈时，要看着学生，目光中透露出教师理性的关爱、温暖和期许，不可以在学生讲话的时候，头也不抬地在批改试卷或者准备课程，倘若没有目光的交流和接触，谈话不可能进行下去，这样也显得教师没有用心倾听。长时间的凝视是失礼行为，而注视时间太短，又会感觉漫不经心。心理学认为，年幼的孩子集中注意力的时间较短，不可能长时间地集中于谈话者身上，这是正常现象。作为教师，在与小学生谈话时，时间尽量要短，并且表情要亲切自然，或者微笑，或者沉思，绝对不可以面无表情。

2. 动作要配合

交谈是谈情感，谈观点，是双方分享思想的过程。正确的做法是无论双方站立或者坐下，身体要保持正直。

站立时不要摇头晃脑，更不要手舞足蹈，双方的身体按照交往礼仪距离适当靠近。双手可以相握，或者自然下垂，一般长辈喜欢双手放背后，晚辈则双臂下垂，双手自然放下就可以，不可以手插兜里谈话，这会降低谈话的正式感。

坐下谈话时，可以正面相对而坐，也可以侧身并排坐。正面相对适合于陌生感较强的双方，交谈比较有压力。若是侧身坐下，会比较放松，并且容易接纳对方观点或者理解更深刻。同时，双手可以放于桌面或者两侧扶手，也可以相握放于腿部。但是双手不可以抱胸，不可以转笔或者拿着物品，也不要身体后仰，或者侧身斜视，注意不要抖动腿脚。以上这些不合适的动作表明心思散漫，不专注于交谈，或者有抵触情绪。教师在学生面前既要注意自己的举止，也要通过观察学生的肢体语言，来获得全面的信息。

3. 语言要配合

交谈不是一言堂，要懂得配合，适当时候要有对话，这表明自己听懂了或者理解了，不要一言不发。语言的配合可以说"好的、对、是的、可以、这样啊"等语气词。这样的语言配合可以使交谈顺利进行下去。如果一方总是不吭声，那么意味着交谈无法进行下去，会陷入僵局，会使谈话者感到尴尬或者愤怒。教师与学生谈话时，如果自己面无表情，一言不发，会带给学生很大的心理压力，容易导致交谈无法进行。

## (二) 学会倾听

倾听是指谈话者认真细心地听取他人的真实意图表达的交谈方式。

如果说教师是谈话的主体,那么学生就是谈话的对象,就是客体。但是交谈是共同分享思想观念情感的过程,要想了解学生,教育学生,了解各种事实,必须学会放下主体观念,要学会倾听。教师必须成为客体,成为听众。在交谈过程中,倾听更是一项需要修炼的艺术。"听"不光是指用耳朵去听,也是听见的过程,指的是听出语言表达中蕴含的情感因素,隐藏在语言背后的心理状态、思想观念,甚至是潜台词,这样的"听"才是倾听,才被称为倾听艺术。大多教师早就习惯了自己的一言堂方式,在与学生谈话时,尤其是思想教育时,更是滔滔不绝、口若悬河,或者苦口婆心、谆谆教诲等,这一切表明教师需要学会倾听。只有谈话者而没有倾听者,谈话没有效果。要学会互换角色,只有懂得倾听,教育才会有预期效果。

以下是一个流传较广的案例:

> 美国一位著名的主持人在一期节目上访问了一位小朋友,问他:"你长大了想当什么呀?"小朋友天真地回答:"我要当飞机驾驶员!"主持人接着说:"如果有一天你的飞机飞到太平洋上空时,飞机所有的引擎都熄火了,你会怎么办?"小朋友想了想:"我先告诉飞机上所有的人绑好安全带,然后我系上降落伞,先跳下去。"
>
> 当现场的观众笑得东倒西歪时,主持人继续注视着孩子。没想到,接着孩子的两行热泪夺眶而出,于是主持人问他:"为什么要这么做?"他的回答透露出一个孩子真挚的想法:"我要去拿燃料,我还要回来!还要回来!"

当看到孩子热泪夺眶而出,当孩子说出最后的这句话时,我们是不是也不由得热泪盈眶,同时我们也感慨主持人的独特之处,他能够等孩子把话说完,并且在"现场的观众笑得东倒西歪时"仍保持着倾听者应具备的一份关注、一份耐心、一份期待,正是他拥有倾听的姿态和素养,才使得一个孩子真实的灵魂完美呈现,使得故事不是大家想象的那样。人与人灵魂的触碰就产生出这样美丽的火花。

教师的倾听对学生而言,是一种深沉的关爱,是一种信任和期许,是一种伟大的责任感体现,更是人性光辉的体现。这是教师应该具备的基本素养。

教师要改变"我讲你听、我说你记、我问你答"的课堂主体角色,改变自己只善于说而不善于听的习惯。要学会等一等,给学生多留一些说的时间;当学生表达观点和感情有些困难的时候,请再等一等,让学生把话说完,等待会有奇迹发生。教

育是一个长期的过程,结果也不是立马呈现,十年树木,百年树人,教育的成果在未来,在每个学生成长的过程中。教师要学会放下所谓的身份,要学会侧耳倾听,俯身细听,以平等的身份参与并倾听学生的心声。

倾听是一种人文关怀,是一个深入了解他人内心世界的通道,是一种温柔的呵护和关爱。倾听不是形式上的注意听,而是用心听、用情听、用爱接纳的过程。倾听的过程,也是完善自身的过程,也是与他人灵魂触碰的过程。

1. 教师倾听的方式

(1) 站立交谈时

侧身转头相对交谈,有助于产生信任感和亲近感,有助于学生倾吐真实心理,有助于教师全面听到学生的真实心理状态。不可以正面相对而站,面对面的交谈适用于教诲或者训导,而要了解学生真实心理和情绪,侧身并立可以解除心理的防范意识和潜在的对抗心理。

站立交谈

(2) 坐下交谈时

把椅子侧放,有助于坐下时师生间保持侧身相对,不是面对面的审问姿态。坐下时椅子距离要适当,不可以太远,也不要太近。太远听不清楚,看不清楚细微的情绪变化;太近会让学生心理紧张,产生窘迫感,不利于真实交流。

坐下交谈

（3）表情要自然亲切、温和

不可以太过于严肃，更不可以冷漠相对。目光要注视学生的面部区域，不可以东张西望、心不在焉，表情要自然亲切、温和。

（4）肢体动作要得体

不要摇头晃脑、晃腿抖脚，也不要指手画脚。手势动作要小，不要用食指指着学生的面部，或者动作太大，碰到他人。

（5）语言要适当回应

教师要回应学生的交谈，要用适当的语词，比如：这样啊、好、对的、懂了等，让学生知道教师是听到了、听懂了。

2. 倾听的禁忌

作为教师，更应该谨记交谈的基本礼貌，不要随意打断学生的谈话，更不要随意指责。

任何一个言语的背后都体现自身和他人真实的品性、真实的情感。交谈是每个人剖析思想、呈现情感、体现品性的过程，所以不要随意下定论，不要任意插话，听的艺术在于听完整。

### （三）学会赞美

俗语说："良言一句三冬暖，恶语伤人六月寒。"作为教师，要深知自己的言语会对学生产生强大的影响力。教师良善的言语，会激发出学生向上的激情和动力。教师一个言语不当，或者缺乏善意，也会成为毁灭学生心中希望之光的冰水。教师要善意对学生，最简单的方式就是学会赞美学生，赞美也是一种触及心灵的礼貌。

赞美是不费任何力气的推动力，是打开学生心灵的神奇钥匙，是引领学生发现自身潜力的神奇法宝。教师不要吝啬任何一个赞美之词，哪怕是一个小小的赞许眼神，一个高高竖起的大拇指，一个大大的对勾，作业本上几句温暖的话语，一个赞许的微笑,都是一种无限的赞美,在这样的鼓励和激励下,学生的发展是不可估量的,众所周知的罗森塔尔效应就是关于赞美的最有力说明。

语言的赞美有着巨大的推动力,常常赞美他人的人一定是善良的人,是心胸开阔的人,是心中有他人的人。时常赞美学生应该是教师刻入脑海的一个基本意识,要成为本能般的反应,这才是学生最期待的教师礼貌。

教师赞美学生也要注意小细节。首先,赞美要发自内心并且真诚。不能言不由衷或者虚情假意,学生的心灵是敏感的、脆弱的,任何一种虚假都逃不过纯洁的眼睛。其次,赞美学生要找准时机。当发现学生行为表现美好的瞬间,就送上赞美和鼓励,不要时过境迁才表达。最后,当面赞美学生时要看着学生的眼睛,只有眼睛互相对视,学生才能真正感到教师的真诚和善意。

**学会赞美**

## 五、交谈的距离

人与人之间交谈需要保持一定的空间距离。教师与学生或者同事交谈,要注意人的心理安全距离,避免太近或者太远的距离,恰当的距离可以达到真正的沟通、了解、传递的目的。

心理学认为,任何人都需要一个属于自己的并且能够自我把控的空间,它就像一个无形的"气泡"一样围绕在自身周围,能让自身产生安全感,但是当这个空间被人打破或者侵犯时,人就会感到不舒服、不安全,甚至愤怒起来。

曾经一位心理学家做过这样一个实验。在一个刚刚开门的大阅览室里,当里面只有一位读者时,心理学家就进去拿椅子坐在他或她的旁边。试验进行了整整80个人次。结果证明,在一个只有两位读者的空旷的阅览室里,没有一个被试者能够忍受一个陌生人紧挨自己坐下。可见,每个人都是有一个心理安全距离的。

通常人们认为,交往双方的人际关系以及所处情境决定着相互间自我空间的范围。美国人类学家爱德华·霍尔划分了四种区域或距离,各种距离都与对方的亲疏远近关系相对应。

交际空间距离可以分以下四种:

### (一) 亲密距离

这是人际交往中的最小间隔或无间隔,即我们常说的"亲密无间",其近范围约在15厘米之内,彼此间可能肌肤相触、耳鬓厮磨,以至相互能感受到对方的体温、气味和气息。其远范围是15厘米～44厘米,身体上的接触可能表现为挽臂执手,或促膝谈心,仍体现出亲密友好的人际关系。

就交往情境而言,亲密距离属于私下情境,只限于在情感上联系高度密切的人之间使用,在社交场合,大庭广众之前,两个人(尤其是异性)如此贴近,就不太雅观。在同性别的人之间,往往只限于贴心朋友,彼此十分熟识而随和,可以不拘小节、无话不谈。在异性之间,只限于夫妻和恋人之间。因此,在人际交往中,一个不属于这个亲密距离圈子内的人随意闯入这一空间,不管他的用心如何,都是不礼貌的,会引起对方的反感。

### (二) 个人距离

这是人际间隔上稍有分寸感的距离,较少有直接的身体接触。个人距离的近范围是46厘米～76厘米,正好能相互亲切握手,友好交谈,这是与熟人交往的空间。陌生人进入这个距离会构成对别人的侵犯。个人距离的远范围是76厘米～122厘米。任何朋友和熟人都可以自由地进入这个空间,不过在通常情况下,较为融洽的熟人之间交往时保持的距离更靠近远范围的近距离一端,而陌生人之间谈话更靠近远范围的远距离端。

人际交往中,亲密距离与个人距离通常都是在非正式社交情境中使用,在正式社交场合则使用社交距离。

### (三) 社交距离

这已超出了亲密或熟人的人际关系,而是体现出一种社交性或礼节上的较正式关系。其近范围为1.2米～2.1米,一般在工作环境和社交聚会上,人们都保持这种程度的距离。一次,一个外交会谈座位的安排出现了疏忽,在两个并列的单人沙发中间没有放增加距离的茶几。结果,客人自始至终都尽量靠到沙发外侧扶手上,且身体也不得不常常后仰。可见,不同的情境、不同的关系需要有不同的人际距离。距离与情境和关系不相对应,会明显导致人出现心理不适感。

社交距离的远范围为2.1米～3.7米,表现为一种更加正式的交往关系。如企业之间的谈判,工作招聘时的面谈,教授和大学生的论文答辩等,往往都要隔一张桌子或保持一定距离,这样就增加了一种庄重的气氛。

在社交距离范围内,已经没有直接的身体接触,说话时,也要适当提高声音,需要更充分的目光接触。如果谈话者得不到对方目光的支持,他(或她)会有强烈的被忽视、被拒绝的感受。这时,相互间的目光接触已是交谈中不可缺免的感情交流形式了。

### (四) 公众距离

这是公开演说时演说者与听众所保持的距离。其近范围为 3.7 米～7.6 米,远范围在 7.6 米之外。这是一个能容纳很多人的"门户开放"的空间,人们完全可以对处于空间的其他人,"视而不见",不予交往,因为相互之间未必发生一定联系。因此,这个空间的交往,大多是当众演讲之类,当演讲者试图与一个特定的听众谈话时,他必须走下讲台,使两个人的距离缩短为个人距离或社交距离,才能够实现有效沟通。

显然,相互交往时空间距离的远近,是交往双方之间是否亲近、是否喜欢、是否友好的重要标志。因此,人们在交往时,选择正确的距离是至关重要的。

人际交往的空间距离不是固定不变的,它具有一定的伸缩性,这依赖于具体情境,如交谈双方的关系、社会地位、文化背景、性格特征、心境等。

不同国家、不同民族,文化背景不同,其交往距离也不同。这种差距是人们对"自我"的理解不同造成的。同是欧洲人,交往时,法国人喜欢保持近距离,而英国人会感到很不习惯,维持适合于自己的空间范围。此外,社会地位不同,交往的自我空间距离也有差异。当人们接触到有权力有地位的人时,不贸然挨着他坐,而是尽量坐到远一点儿的地方。

人们确定相互空间距离的远近不仅取决于文化背景和社会地位,还有性格和具体情境等因素。例如性格开朗,喜欢交往的人更乐意接近别人,也较容易容忍别人的靠近,他们的自我空间较小;而性格内向、孤僻自守的人不愿主动接近别人,宁愿把自己孤立地封闭起来,对靠近他的人十分敏感,怕他们的自我空间受到侵占,最易产生不舒服感和焦虑感。此外,人们对自我空间需要也会随具体情境的变化而变化。例如在拥挤的公共汽车上,人们无法考虑自我空间,因而也就容忍别人靠得很近,这时已没有亲密距离还是公众距离的界限,自我空间很小,彼此间不得不通过躲避别人的视线和呼吸来表示与别人的距离。然而,若在较为空旷的公共场合,人们的空间距离就会扩大,如公园休息亭和较空的餐馆,别人毫无理由挨着自己坐下,就会引起怀疑和不自然的感觉。

我们了解了交往中人们所需的自我空间及适当的交往距离,就能有意识地选择与人交往的最佳距离,而且通过空间距离的信息,还可以很好地了解一个人的实际的社会地位、性格以及人们之间的相互关系,更好地进行人际交往。

通过以上的距离分析,我们可以了解到,教师与学生一般在 46 厘米到 76 厘米之间的个人距离进行交谈比较合适。这种距离使得师生间可以友好而愉快地交谈。近端的个人距离交谈容易打动人心，唤起共同感受，达成共识。这样的距离可以用于教师安慰、鼓励、赞扬、了解学生真实情况等轻松的话题交流。远端的个人距离从76厘米到122厘米，适合教师对学生进行训话、规劝、惩戒、思想教育等严肃交谈，这样的距离既可以使师生间保持心理上一定程度的接近，又适当保持了教师一定的权威和距离感，容易产生让学生自我反省和警醒的作用。

## 第二节 言谈礼仪的具体运用

教师的言谈对身边人影响深远，毋庸置疑。良好的言谈，是素质的体现，更是教师专业化的要求。我们从教师与学生、与同事、与家长、与领导四个角度来了解教师需要注意的言谈礼仪问题。

### 一、教师与学生的言谈注意事项

教师的言谈对于学生的成长而言，有着非凡的意义。良好的言语谈话，能激励鼓舞学生，就像是照亮前程的灯塔，使学生顺利成长前行。不恰当的言谈，也会像道路上布满的荆棘，影响甚至阻碍学生的成长，无数个名人的成长案例也说明了这一点。即使多年以后，教师已经忘记了自己当初的言语，可是在学生心中，它们已经生根发芽了。结的果可能是香甜的，也可能是酸涩的。任何人的成长，都会受到教师的影响，影响中最有穿透力的，莫过于教师的言语。所以教师与学生交谈，一定要注意言谈的方式方法等。下面从几个角度来分析教师应该注意的事项。

#### （一）确定谈话主题

教师在与学生谈话之前，要先想好谈话的主题。是为了表扬学生的某些思想或者行为，还是要批评其不当思想和行为；是鼓励学生学习的积极性，还是要告诫学生注意不当的行为；或者仅仅是为了安慰学生，了解学生一段时期的表现及其背后的影响因素。不管哪种情况，都要有个预设和思考。因为当学生出现在教师面前的时候，会有种种紧张或者不安，甚至是害怕，大部分学生被老师找来谈话，总是会有紧张感。在找学生之前，建议先提醒学生大概要谈什么主题，让学生心里有数，后期的谈话才会有针对性和一定的积极意义。否则谈话双方没有主题，随意交谈，会削弱交谈的积极意义，也会使得学生不理解，反而造成师生间的隔阂。

### (二) 确定谈话时间

中小学教师在学校工作的时间比较多,能够找出合适的时间与学生谈话。谈话前,除了考虑教师自己的时间,也要考虑学生的时间,尽量考虑利用学生课下的时间进行交流。

课堂上也可以谈话交流,但注意不要影响全体学生。谈话内容可以是针对教学内容的交流,也可以是针对学生个人的某方面问题进行现场的指导,但若涉及学生个人隐私以及考虑到学生的自尊等心理因素,那么,学习内容以外的话题可以在课后交流。课堂的交流一般限于教学内容的沟通学习,有时也会针对课堂纪律问题做短暂的训导。但是言辞用语要慎重,不要太过于激烈甚至伤害到学生的积极性或者自尊心。学生是学习的主体,教师要善于引导,要运用合适的语言来达成教育目的。

倘若交谈所需要的时间较长,可以在学生放学后,通知家长之后,与学生进行谈话,一般不要在周末与学生谈话。

### (三) 确定谈话地点

与学生谈话,因谈话主题而定地点。若是涉及学习内容、纪律问题等小问题,可以在课堂上解决。若是涉及学生的个人问题,需要慎重和认真对待,可以选择课后去教师办公室交谈。若是共同的办公室,要注意不影响其他教师的工作。若是在教师个人的单独办公室,要注意细节,不管学生是同性还是异性,办公室门要开着,不可以关紧,方便其他人了解室内人员情况。若谈话时间长,可以请学生坐下,教师与学生的距离要符合个人距离,侧身坐有利于沟通,正面对坐,会使学生有压力。

确定谈话地点

除去办公室可以谈话以外,针对谈话的不同主题,也可以去校园安静的过道、风景区域,不影响他人的同时也不影响学生情绪的学校场所都可以。

### (四) 注意个性差异

谈话是师生间的一种沟通,谈话的主题确定好、地点选择好之后,还需要考虑学生的个性特征。学生是内向孤僻,还是外向开朗;是极爱面子、内心脆弱,还是内心强大;是自尊心强烈,还是自卑感较重;是情绪平稳,还是情绪激动,所有特点都要考虑好。学生有不同的个性特征、不同的接受能力和感受能力,要针对不同的个体,采取不同的谈话方式、谈话用语、谈话语气、谈话语调等,不能一成不变。教育是一门艺术,需要教师用心和智慧去体会和把握。

### (五) 语言要恰当

当师生间开始交谈时,教师的语言要慎重选择和使用。首先,要使用基本的礼貌用语。比如"请"学生坐下,"请"学生站起来,"请过来"等,礼貌用语的使用会减少学生的紧张和不安。其次,语言要体现善意和真诚。教师与学生交谈,不论涉及哪些话题,要表达真诚和善意,不要用贬义词或者是侮辱性的词汇来表达观点,交谈的目的是互相沟通,而不是激发不良情绪,甚至带给学生心理上的伤害。最后,语气语调要平和。不要在语气中充满斥责与怀疑,甚至是否定和侮辱。学生的心灵是脆弱而敏感的,一个不当的语气,有时也会使学生产生心理阴影和不适感。

### (六) 举止要得当

与学生交谈时,不要因为情绪激动而做出不当的动作举止。控制情绪是教师基本的素养要求,即使在谈话中沟通失败,也要克制情绪,不可以随意体罚学生。任意的体罚会带给学生无法弥补的心理创伤。同时,交谈时不要有过多肢体接触。对于年龄较小的学生,处于儿童期的学生,可以出于鼓励和安慰,拍拍肩膀、摸一摸头,表示友好和喜爱;对于进入青春期的学生,尽量不要有任何的肢体接触。进入青春期的学生心理安全距离增大,需要个人空间增大,教师谈话时,不要过于靠近学生,以免引起学生的排斥而达不到谈话的目的和效果。谈话期间要避免各种多余的动作,比如摇头晃脑、抖腿晃脚、抽烟、梳理头发、擦揉鼻子、敲桌子等。教师的一举一动都是要起示范作用的。

## 二、教师与同事的言谈注意事项

教师群体是一个需要共同协作的集体。不同教师的个性魅力、教学风格、语言能力、行为举止等都会在学生的身上体现出来。所以说,教师整个群体应该是一个

和谐、团结、协作的团队。在一个和谐合作的团队中，教师的专业发展才会有长足的进步。在群体中，教师之间的沟通和交流是必不可少的。教师之间的沟通交流，一般分为两大类：一类是教学研讨交流，一类是日常生活交流。教师之间的沟通交流中需要注意基本的礼貌。

### （一）尊重同事的原则

教师肩负伟大使命传承人类文化，自然懂得尊重他人、善待他人这个基本原则。可是现实情况却是有些教师在与同事交流或者探讨问题时，会有轻视或者蔑视他人的现象发生。不管是同学科还是不同学科，研讨或者交流时思想有差异、有不同、有辩论，才有文化的发展和进步，所以不论是怎样的差别，请不要轻视他人，要学会尊重同事。尊重不光是语言的尊重、观点的尊重，也是眼神表情中的尊重。不要让任何肢体语言表现出你不尊重的感觉，那样的无声语言，更是摧毁同事友情的隐形炸弹。

### （二）不打听隐私的原则

在集体中生活，必然要与人交往。同事之间除了正式工作上的交往外，还有其他闲聊交谈的时候。这既是对正式工作关系的补充，也是加深同事友谊的方式。闲谈之际，可以加深友谊，增添生活乐趣。但是同事之间也需要注意礼貌分寸，不是所有的家长里短、小道消息等事情都可以与同事拿来分享，更不可以通过交谈去窥探别人的隐私。

在生活中的交谈，首先要注意，不要询问他人隐私。人人都有隐私，都不愿意别人太多地了解和窥探，在交谈中请不要涉及对方的收入、婚姻状况、健康状况等。即使无心提起，也要看对方是否愿意回答，不可以紧紧追问、刨根问底。即使很熟悉，在没有达到亲密好友的程度时，也要谨慎对待，不可以涉及太多。与同事保持适度的礼貌是基本的素养和要求。其次，不要讨论其他同事的是非。我们不是他人，不知道事实的真相，任何对其他同事的议论或者非议，都是一种潜在的破坏力量，会破坏本来和谐的同事关系。同时，即使无意中涉及，也可以一笑而过，不要过多讨论，赞美、肯定他人的言语可以传播，诋毁他人的言语请及时止住。不论哪种讨论，都会传播到他人耳中。最后，同事间交谈，不要涉及领导的问题。即使不认同领导的某种工作方式，也不要公开议论，同事之间的议论会增加整个集体的不和谐，在一个不和谐、不愉快的氛围中工作，是任何人都不愿意的。所以，在他人并没有觉察任何不妥的时候，不要在同事心里播撒阴影。人的心胸应该有容乃大，而不应该是偏见横行。

## 三、教师与家长的言谈注意事项

教师的工作对象是学生,学生的背后是家长。学生是每个家庭的希望、梦想,是每个家庭的未来。当教师面对每个未来的时候,自然会牵涉学生背后的家长。教师与家长要做到通力合作,才会让每一个未来和希望生根发芽、开花结果。教师因为工作的原因会涉及家长,并且会与家长进行沟通交流,不管是关于学生的成长的哪个方面,都是教师与家长交谈的主题。

### (一) 尊重家长原则

教师与家长的交谈,可以是面对面交流,也可以是电话沟通,主题是围绕学生的各种问题而展开。不管是出于学生的什么情况,教师在与家长进行语言沟通时必须保持尊重对方。教师的工作职责使得教师必须与家长沟通交流,达成共识,共同合作培养孩子。但是不能因为学生在校期间的不良表现而迁怒或者敌对家长。家长和教师是平等的交流主体。交流沟通的目的是加强或者改善合作关系,而不要因为单单一个"成绩"来斥责或者冷面对待家长,这失去了教师应该有的礼貌和素养。情绪化的沟通不会有任何良好的结果,反而会带来不利影响。比如,家长对教师有意见,家长与孩子有误解,最终会影响到学生的健康成长。

### (二) 杜绝告状原则

很多教师在工作中遇到问题,尤其是遇到学生的学业和行为习惯的问题,总会第一时间请家长来面谈,或者电话沟通。沟通的目的不是要找到共同点合力解决存在的问题,而是单纯地"告状"或者是数落。学生各种表现的背后确实有家长的影子,但是不能一切都归于家长的管教不严或者学生自己有问题。当教师把一切问题都呈现给家长,让家长来解决,或者仅仅是为了数落学生的失当行为时,这样的行为是相当不理智,更是失礼的行为。遇到问题寻求解决是教师与家长沟通的关键,而不是一味地指责或者是"告状"。教育是一门艺术,如果教师自身无法解决,只会抱怨时,是否可以证明,教师还不懂这门艺术呢?

教师的抱怨、指责不会带来良好的解决问题的办法,只会在一定程度上加深师生间的隔阂,导致或者加深亲子矛盾,更不利于学生的发展。教师一定要清楚地意识到这个问题的严重性。

### (三) 适度原则

教师与家长的沟通交流仅仅限于学生成长过程中的问题,不要牵涉到个人其他问题。不可以涉及家长的隐私,更不可以因为家长的身份背景而对学生有区别

对待。教师是为人师表的职业,要求的不仅仅是外在的礼仪,更需要有内在"慎独"的品性。

### 四、教师与领导的言谈注意事项

教育行业是一个庞大的部门群体,要保证良好运作,保证国家教育目的的实现,必然有领导群体整体把控和指导监督。在一个学校中也有各部门的领导,共同协作,保证教育教学任务的完成和教师的专业发展。当然,教师不可避免地要与各级领导打交道,接受指导和监督,或者也可能是教师汇报工作、反映情况等。在与各级领导的面对面交谈时,也需要注意基本的礼貌。

#### (一)尊重领导原则

教师不管是哪种级别,出于职业的要求,尊重领导是必须具备的礼貌。尊重领导表现为认真聆听指导,虚心接受监督,认真汇报工作;开各种会议时不要看报纸、玩手机、打瞌睡、交头接耳等;因特殊事情不能参加会议要请假;不要公开谈论领导种种问题等。任何一个细节都是礼貌的体现。但是尊重不是阿谀奉承,不是缺乏原则,不是委曲求全。

#### (二)真诚原则

在领导面前,无论接受指导还是自己汇报工作,要真诚大方,不必遮遮掩掩,缩手缩脚,要本着真诚交流、获得工作思路的态度与领导交谈,这有利于领导了解教师工作中遇到的问题,也有利于找出解决办法或者加深彼此工作的理解和支持。与领导交谈可以谈对工作的看法和认识,也可以谈自己生活中的问题,但不要把别人的失当事情当成与领导交谈的谈资,这样的交流有打小报告的嫌疑。

> **思考与讨论**
>
> 1. 教师与学生谈话需要注意什么事项?
> 2. 教师与家长谈话需要注意什么细节?
> 3. 回忆难忘的一次谈话经历,教师带给你什么感受?谈话有效吗?为什么?

# 第七章
# 教师课堂礼仪

> 专门的知识和技术虽然使人成为有用的机器,但不能给他一个完整的人格。
>
> ——爱因斯坦

**本章提示:** 教师主要的职责是教书育人。那么教师的主要阵地就是课堂。课堂中教师所呈现的外在形象、言谈举止甚至是独特的个人风格,都会对学生产生不可估量的潜在影响。一个赞许的眼神,一个温暖的微笑,一句鼓励的叮咛,都会让学生重拾自信,健康成长。教师是学生成长道路上的明灯。本章将从教师出现在课堂之前和在课堂当中的一切活动做一个综合梳理,方便教师和准教师们能找到最佳的教育状态。

课堂礼仪

## 第一节　教师课前礼仪

教师的课堂教学是立足之本,是检验教师整体教育素养的实践场地。教师不仅仅传授书本知识,还要学会运用潜在的影响力,来达到真正教书育人的目的。这个前提,需要教师做好如下准备:

### 一、课堂教学内容的准备

教师的备课要符合教育教学规律,要做到心中有数,要有据可依,要符合科学性和灵活性。

不同的教学科目,需要准备的教学内容、辅助材料、多媒体工具等,要符合不同年龄段学生的思维特点和水平。当教师备课时,若能考虑到学生的特点、水平、能力,教师就做到了心中有他人,能看见他人。这样的备课,才是有意义的备课,也是教师礼仪的基本前提。

### 二、教师个人形象的准备

教师的外在形象,是一种直接的视觉上的冲击和感染力。学生目光所及之处,皆有美的存在,赏心悦目的形象,对于学生来说,是个潜在的美育洗礼。

形象是个人的名片,是一个人无声的讲诉。形象讲诉了这个人的风格、品味、爱好、性格特点、经济状况、情绪状态、社会地位、自信和爱自己爱他人的程度。所以,当教师出现在课堂的那个瞬间,学生便会形成一个整体的印象。这个印象的好坏,会直接影响到学生的学习兴趣和亲师程度。所谓"亲其师而信其道",好的形象是个明信片,会让学生无形中有爱学习和能接受的兴趣。

教师是一个能影响很多未成年人审美品位的职业,教师要非常注重个人的形象,比如或干净、或精致、或优雅、或活泼。一个比较邋遢、头发毛躁、着装不当,甚至衣服污渍斑斑的教师出现,会给学生带来心理迷惑和诧异。

教师不仅仅传授科学知识,也要进行适度的形象管理。教师可以根据自己的体型、风格、爱好、当地风俗习惯来做适合的形象管理。比如,可以适度地锻炼,以保持健康体态。适度的身材管理,加上适合自己的形象塑造,是优秀教师必备的技能。

### 三、教师的情绪准备

#### （一）教师要有平静温和的情绪状态

教师每一次进入课堂，都会有情绪的参与。在任何时候，教师都要保持平静的状态出现在学生面前。教师是成年人，应该有稳定的情绪、平静的态度、温和而坚定的目光和善意的笑容。在学生面前的教师，是一个准备用爱的力量和知识，陪伴学生成长的重要他人。学生在校学习生活的时间超过在家里的时间，教师的情绪状态也是学生模仿的对象，甚至也是影响学生的重要力量，所以，教师要学会放松心情，以平和的状态投入课堂中。学生都喜欢情绪稳定的教师，而不是一个容易情绪失控的教师。教师的情绪稳定，也有利于教师自身的健康和幸福生活。如果教师因为各种生活原因，情绪不够稳定，可以在进教室之前，深呼吸，责任感会让教师沉下心来。

#### （二）教师要以自信的态度进入课堂

自信既是个人的风格，也是教育的必要素养。自信的教师，能让学生信赖和爱戴。自信的教师才能培养出自信的学生。自信来源于对教育的真正热爱，来自专业素养的扎实，来源于得体的着装风格。

### 四、其他物品的礼仪

教师除了备课和形象上的准备，还有注意其他随身物品的礼仪。

（1）教师若带了手机，要提前设置静音，防止影响课堂的教学氛围。

（2）所带的仪器或者教具，要提前检查仔细，以免遗漏缺失。如果涉及安全问题，要提前检查，反复演练，防止课堂中发生异常。

（3）教师要在进教室前，去掉防晒的衣帽和配件；雨伞要提前收起来，放置在教室门外或者门口角落，不要淋湿教室地面。

（4）除去特殊时期和情况，教师进教室前，要去掉口罩或者墨镜，以饱满的精神状态进入教室。

（5）随身物品要排放整齐放在讲桌一角，不要影响学生视线。

## 第二节　教师课中教学礼仪

课堂教学礼仪，是指教师在课堂教学活动中表现出的整体仪表、举止动作、面部表情、语言表达等综合精神风貌。它是整体教学活动的组成部分，是真正具有影响力的教育力量。教师得体的仪表、亲切的笑容、优雅的举止、恰当的语言都会全面真实地呈现在学生面前，会带给学生终身的影响。因此，教师在课堂上应该以身作则，时时处处注意自己的言行举止，为学生树立良好的榜样。

### 一、课堂问候礼仪

课堂问候礼仪是师生见面的第一步，也是教师课堂礼仪的开始。师生问候表达的是师生间彼此的尊重、亲切。这是课堂教学的开始，师生进入角色的开端，也是尊师重道的具体体现。因此，教师应做到：

（1）学校预备铃响起后 1 到 3 分钟内到达教室。教师到达教室门口后，应面向学生运用左右扫视的方式，暗示学生准备上课，扫视的时间可以是 30 秒。当学生注意到教师后，学生的状态会较快调整到上课准备状态。这个动作有助于营造学习氛围。同时，教师的面部表情要平静、坚定且温和，不必太过于严肃，以免引起学生紧张的情绪。

（2）上课铃响起后，教师要平稳地走上讲台。当学生全体起立向教师问好时，教师要环顾全体学生，鞠躬回礼，之后请同学坐下。

（3）下课铃响起后，教师应立即结束讲课，尽量不要拖堂。等全体学生起立站好，师生互道"再见"后，教师可以离开教室。如果有听课人员，教师要请学生等待，让听课人员先行，教师后出。

### 二、课堂提问礼仪

课堂提问是教师根据教学目标，精心设计，向学生提出相关的学习问题，并引导学生经过思考得出结论，从而获得知识、发展智力的课堂教学方法。这是课堂教学的一个重要手段，它将教师、学生、教材三者有机结合起来，是师生课堂交流的主要方式，是检验学生掌握知识程度的重要方式，也是提升学生知识素养的重要途径。在提倡素质教育的今天，教师掌握基本的课堂提问礼仪，对提高教学质量具有

重要意义。

### （一）提问的目标要明确

教师设计课堂提问要有明确的目标性，即紧扣学习目标来设计问题。问题是教学目标的具体化，问题的设计必须紧扣教学目标，围绕教学内容的重难点和学生原有的认知结构。教师应精挑细选所提问题，找到学生的疑惑之处，设置悬念，启发学生思维。学生经过积极思考，重新构建自己的知识结构，同时还需要合作学习、交流，共同解决问题。教师应引领学生不断地思考和学习，而不应偏离教学目标提出一些又偏又怪的问题，也不要为了提问而提问，要克服课堂提问的随意性。

### （二）提问的难度要适宜

教师设计课堂提问的难度要适中，不要太难和太深，要能激发学生积极思考。太难太深的问题，学生回答不了，最后只能由教师自答，这样的提问没有实际效果；太简单的问题，学生不假思索即能对答如流，不仅无助于思维能力的锻炼，而且在表面上看似繁荣的背后，会养成浅尝辄止的不良习惯。因此课堂提问既不能让学生觉得高不可攀，也不能让学生觉得唾手可得，而应该让学生"跳一跳，摘桃子"，要符合学生的最近发展区，给学生一定的思考余地，向学生的智力和创新能力提出挑战。要让学生感觉到问题很熟悉，运用已有的知识和经验又无法解决，必须重新构建自己的知识结构。由此可见，教师提出的问题要难度适宜，需要学生探讨协商，再加上教师的启发、点拨、提示，最后才能完成对这一问题的认识。

### （三）提问的机会要均等

教师提问的机会要平均分配于全班学生，不要只向少数课堂表现积极的学生发问。对于不同的对象，提出的问题也可有所差别。优秀生的思维相对活跃，可以向优秀生多提一些难度相对较高的、需要快速做出反应的问题；对于中等生，可以多提一些相对适中的、利于提高其自觉参与意识的问题，从而促进其全面发展；对于后进生，教师可以就一个问题向两个或两个以上的学生提问，一学生做主要回答，一学生做补充回答，教师做修正性回答，这种方式具有示范效应，能促进后进生的热情，调动其学习积极性，提高学习自信心。因此，教师在课堂上提问学生时，注意提问对象要普遍，机会要均等。

### （四）提问的时机要恰当

在一个完整的教学单位时间内，只有少数几个瞬间时刻是提问的最佳时间，教师必须善于抓住这些最佳时刻。在上课初期，学生的思维处在由平静趋向活跃的状态,这时多提一些回忆性问题,有助于培养学生的学习积极性、唤醒、激发学生的学习兴趣,起到使学生集中注意力的作用;当学生思维处于高度活跃状态时,多提一些说明性、分析性和评价性的问题,有助于分析和理解所学知识的内容,进一步强化学习兴趣,并使学生保持积极的思维状态;当学生思维处在由高潮转入低潮阶段时,多提一些强调性、巩固性和非教学性问题,这时可以重新激发学生的学习兴趣和积极性,防止学生非学习行为的出现(如讲话、打瞌睡、看课外书等)。

教师应当先向全体学生发问,并留有充分的时间,让全班学生思考一番,然后再指名回答,而不应该在发问之后,就匆匆指定学生回答。这样可以使全班学生注意教师所提的问题,并使全班学生都在心中试拟一个答案,进而更好地对自己或别人的答案加以评价。

### (五)提问的评价要积极

在整个提问的过程中,对学生的回答,教师要随时进行判断,对学生是否掌握了相应的知识、掌握的程度如何等进行公开评价;保护学生回答问题的积极性,从而进一步调动学生学习的积极性。为此,教师应该做到:

(1)以表扬为主,批评也要体现爱心,不能出现伤害学生自尊心的字眼。

(2)鼓励求异。教师应允许学生有不同的见解,不能用统一的标准去划定学生的答案,应鼓励学生对问题有个性化的理解,教师更不应该对学生的答案持否定态度,不要轻易下"不正确""错误"等结论。面对学生认识的不一致、观念的分歧、思想的碰撞,教师要给予充足的时间,让他们分别表明自己的立场,阐述自己的理由。当学生正在发言时,教师千万不能急切地打断他们,或是把自己的观点强加于学生,或代替学生过早地下结论。即使课堂时间不允许深入探究,也应该在课后对学生有所交代。

(3)帮助有困难的学生。学生站起来说"不会",情况是复杂多样的。这时教师不应马上叫学生坐下,可以再复述一遍问题鼓励学生回答;也可改变提问的角度或添加辅助性的问题引导学生回答。有经验的教师总不放弃回答问题的任何一个学生,即使多次启而不发,也请学生先坐下,让他听别人的回答,然后请他复述一遍。这种评价的做法对转变后进生、提高教学质量是大有益处的。

## 三、课堂教学语言礼仪

教师的课堂语言是教师实现教书育人、"传道、授业、解惑"的专业语言,是建立良好师生关系的桥梁,是实现全面发展教育的主要方式。美好的语言有触动人心的力量,它能帮助师生间达成真正的沟通和理解。教育家苏霍姆林斯基曾说过,教师的语言修养在极大程度上决定着学生在课堂上脑力劳动的效率。所以教师

要注重自己的语言规范,要文明用语,要符合教育教学规律,同时要具有语言的艺术性。

### (一)课堂语言礼仪规范

1. 教师要使用普通话,尽量避免使用方言

普通话是教师的职业语言,教师有推广普通话的职责。在课堂教学中,如果教师能用一口纯正、流利的普通话来授课,或者指导学生的学习生活,学生比较容易听懂和理解。对于学生的课堂学习来说,有利于学生的学习和记忆。同时,教师的语言表达要符合语法习惯和时代特点,不要用晦涩难懂和过时的语言表达。

2. 教师的语言要文明健康

学校是传播精神文明的主要场所。教师的语言表达要准确,要有礼貌,用词要文雅。语言也是学生模仿的一部分。好的语言如沐春风,能让学生身临其境,学习就变成一件快乐的事情。如果教师语言上有任何瑕疵和不规范,也都会引起学生的诧异和不满。教师运用语言,要学会恰当和准确,同时力求雅致,绝对不可以使用不文明和低俗的词汇。

3. 教师的语音要清晰,语调要恰当

教师的课堂语言要做到柔和亲切、吐字清晰、纯正饱满。表达要流畅通顺,语速要适当。这样学生才听得清楚,记得明白。如果教室过大,教师的语音要提高,方便教室后排的学生也能听清楚内容。同时,在教学过程中,教师的语调应抑扬顿挫,要有变化,有节奏感,防止学生昏昏欲睡。有声韵美的语言,充满了生命力。

### (二)课堂教学语言禁忌

1. 不可以污言秽语

教师在课堂上,无论何时何事,都不能使用脏话、粗话。即使情绪有波动,也要在话语出口前,控制一下,选择合适的语言表达。教师如果讲话不文明,就会有损教师形象,也会带给学生不良的影响。师道尊严千古传承,需要教师自己维护自身形象。

2. 不可以使用太多口头禅

教师的口头禅是一种无效语言。在教学语言中,口头禅会干扰学生的听觉和思考。有部分教师的口头禅会引起学生的好奇心理,从而不再关注学习内容。曾经有个教学案例就是如此。一位教师上课时总说:"啊,对吧?"一位学生就在本子上记录下了这位教师的这句口头禅,课后一算,居然一节课使用了50次左右。这

就是教师口头禅多学生学习的干扰结果。教师要杜绝说:"对不对?是不是?对吧?那个、这个、嗯、啊"等之类的无效语言。

3. 不要说话刻薄伤人

教师的主要职责是育人,传授科学知识。当学生犯错误时,教师切记不要用尖酸刻薄的语言出口伤人。常言道,良言一句三冬暖,恶语伤人六月寒。如果话语中充满刻薄和恶意,这会严重伤害学生的自尊心和自信心。课堂中如果遇到学生出错,要委婉地指出错误,千万不要用"太笨了、怎么就教不会"等语言伤害学生。教师的终极目标是帮助学生身心健康成长,而不是用语言暴力来伤害学生。有些语言的伤害,会持续终身,也可能会改变学生健康发展的轨迹。

### 四、课堂教学姿态礼仪

在课堂教学中,教师不仅用口头语言传情达意,还会使用到各种姿态语言来辅助交流。教师在运用姿态语言时要注意以下几点:

1. 动作礼仪

教师在课堂上讲课或站或坐,要站有站相,坐有坐相。要精神饱满,站姿要挺拔。当坐下时,要保持腰背部正直,不要弯腰趴在讲桌上。有的教师喜欢讲课时双手搭在讲桌上,显得弯腰拱背。要尽量少使用这种姿势,除非要使用电子设备。还有的教师喜欢一只脚向后蹬向后面的墙壁,这样也不雅观而且不卫生,显得太随意。课堂上走动时,步伐要轻盈、平缓,不要太快也不要太慢,不要左右摇晃身体,以免影响到学生的视线。

2. 手势礼仪

教师使用手势语言表达教学内容时,手势动作不要太夸张,幅度要与身量大小适应,免得引起学生的过度关注而分神。当然,为了教学效果,也可以设计专属的动作。在与学生互动时,可以轻轻拍一下学生的肩膀,以示鼓励和赞许。但是高年级的异性师生不建议这样表达鼓励。教师在课堂上,要多使用曲线手势,少用生硬的直线手势,要符合教学内容,增强学生的理解。切忌胡乱地摆动挥舞。不要将双手插入衣兜或按住讲桌不动。手舞足蹈会令人感到轻浮不稳重,过于死板又会使学生感到压抑,总之应以适度为宜。

需要指向学生时,要用手掌,而不是食指指向学生。手掌指向他人,代表尊重和礼貌。食指对人,体现的是指责和不友好。

3. 其他礼仪细节禁忌

(1)教师不要在课堂上随意吐痰,会引起学生反感。打喷嚏时背对学生,用纸巾捂脸。

(2) 不要在课堂上抽烟、喝酒。不可以醉酒状态来上课。

## 五、课堂板书礼仪

板书是课堂教学中的一个重要组成部分。有人说黑板是教师的"责任田",形象地道出了板书的重要性。好的板书能加强理论教学的直观性,能更加突出教学重点,显示某种条理、提纲挈领,起到画龙点睛的作用,同时还可以帮助学生加深印象和理解,增强学生的感受能力,使其获得一种美的享受。因此,教师要认真设计好每节课的板书,重视板书的礼仪规范。

### (一) 板书的礼仪规范

教师在课堂教学中的板书应注意以下几点:

1. 板书文字应简明扼要

"文贵精,不贵多。"板书应化复杂为简单,给人以一目了然的感觉。这就要求教师在编写教案时,要注意掌握教学重难点,要分清轻重主次,抓住带有关键性的环节,预先明确板书部分的内容,文字要反复推敲、筛选,尽量做到在黑板上"写下的是真理"。

2. 板书字迹要端庄秀丽,大小适度

不写错别字、潦草字和不规范的简化字。为了激发兴趣,启迪思维,特殊字、词可以采用变体,但必须以学生的理解和接受能力为前提,不能故弄玄虚。

3. 板书线条、符号要运用得体

板书中的线条、符号犹如集成块中的线路、元件,各有其独特的不可替代的作用。一般来说,虚、实线常用来表示"连接"的意思。虚线有时表示"暗线",实线则表示"明线";虚线表示"远距离",明线表示"近距离"。折线表示升降、曲折;箭头指示方向,三角符号表示重点提示。除此之外,还有开合号、括号、标点符号等。

4. 板书布局、组合要合理

主板书居黑板中上醒目位置,辅板书分置两边。主板书排列要遵循一定规律。例如:对比式适于通过比较揭示文章中心,回环式适于直观显示事物联系,开合式适于表现文章的结构层次,阶梯式适于体现空间位移等。教师应科学地划分黑板的区间,形成合理的布局与使用习惯。同时,板书有多种形式,教师应根据授课的类型、内容的不同而选择与之相适应的形式。

5. 板书色彩要搭配适宜

教学实践证明,板书中恰当地运用色彩,不仅能收到赏心悦目的审美效果,而

且能激发学生学习兴趣,增强学生对知识的理解。一幅纯白色的板书无疑会使人感到单调乏味,稍有"点缀",既突出了重点,又不显平淡,其效果就会大相径庭。值得注意的是,板书中的用色一定要少而精,切忌五彩斑斓。

6. 板书图示应具有形象性和启发性

图示要针对教学重点、难点来设计。教学中,借用图示的直观形象性来启发学生悟出蕴含的意思,可以增加趣味性,降低教学难度,达到突出重点、突破难点的目的。图示一定要简洁明了,几笔成形。

7. 板书与其他教学方法要达到有机的统一

比如讲解,在教学过程中,板书时应同步用口语复述其内容,让学生的视觉和听觉得以互补。讲写脱节既不利于学生感知,也会降低教学效果。此外,在分层板书期间,插入演示、分析、设问等灵活多变的其他方法,将知识内容逐步深入但又不失完整地展现出来。不但能为学生的思索留有空间,而且有利于教师调控学生的注意力和课堂教学的节奏,使教学的双边活动张弛错落,动静交替。

(二)板书的禁忌

1. 板书文字书写不规范

比如教师常写不规范的简化字或已淘汰的繁体字,英文则花体字和手体杂糅,数字或字母难以辨认,文字时正寸草,时大时小,时斜时倒,又画圈又加杠,又增字又调行,给人一种治学不严谨的感觉。学生则猜疑不定,在课堂上或交头接耳,或相互转抄,或举手发问。这不仅影响了教学秩序,而且会造成学生的厌烦心理,教学效果自然也就不会好。

2. 板书内容杂乱

板书看上去又多又实,面面俱到,但实际上逻辑不清、条理紊乱,学生抄得很苦却把握不了,教师写得很累却还要费口舌解释。这样的教师往往不是靠拖堂弥补,就是完不成课时计划。因此,教师要重视在课堂教学之后与学生的交流反馈,在师生互动中讲究文明礼仪,以达到良好的效果。

## 六、辅导礼仪

课堂和课后辅导是教学环节的组成部分,是教师了解学生和检查教学效果的一条重要途径,是师生间最直接的接触,也是建立良好师生关系的重要途径。只有把课堂教学与课后辅导紧密结合起来,才能不断提高整体教学质量,发现和培养学生的个性特长。教师的辅导要注意以下几点:

### (一) 不要直接作答,要点拨思路

在辅导学生时,学生常会问:"这个问题怎么回答?"这时,教师不要简单地直接给出答案,更不能越俎代庖,而要引导学生分析、讨论,让学生充分参与。我国古代教育家孔子早就主张教育学生要循循善诱,"不愤不启,不悱不发"。也就是说,不到学生苦思苦索还想不通时,不去开导他;不到学生深入思考有所体会,想说又不能恰当说出来时,不去启发他。教师只能在解决问题的思路上给学生以点拨,帮助学生找出使其思维受阻的关键环节。所以,在课后辅导答疑过程中,教师不能一问一答,满足学生会背一个定义,会画一个图,而应该帮助学生去发现问题和解决问题,注意培养和发展学生的思维能力。

### (二) 不要正面纠错,要适当反问

"知其然,而不知其所以然",就谈不上对问题的真正理解。因此,在辅导中,面对学生存在的这样或那样的错误,教师不一定都正面纠错,而应适当反问,通过反问,学生认识到出错的根源,从而得到启迪,加深了对问题的理解。

### (三) 不要急躁,要有耐心

有学生不懂的地方,需要教师多次辅导。但是经过多次辅导,学生还是不懂,有的教师会急躁起来,有的教师会大声呵斥学生,甚至把书直接摔到学生脸上,这些都是极其严重的错误行为。教师要坚决杜绝这类行为的发生。在辅导过程中,教师不可以使用语言的暴力和肢体的暴力。这不仅仅是礼仪问题,更是涉及法律问题。教师唯有耐心和平和,才是辅导学生的最佳状态。优秀的教师总是会找到学生能接受的方式指导成功。

#### 思考与讨论

1. 你的老师常说的口头禅是什么?简述课堂教学语言礼仪规范的内容。
2. 你的老师辅导作业的时候,是什么样的状态?你当时是什么心理状态?

# 第八章
# 教师通信礼仪

> 礼尚往来。往而不来,非礼也;来而不往,亦非礼也。
>
> ——《礼记·曲礼尚》

**本章提示**:当代社会是电子网络流行的时代,没有人可以离开便捷的电子网络世界而单独存在。电子网络世界带给人们高效快捷的生活方式。教师出于工作和生活的需要,更是离不开电子网络通信所提供的便捷功能。电子网络通信的广泛使用要求我们注意一些使用细节。尤其作为人民教师,更需要懂得合理和规范地使用这些现代工具。本章主要从电话、手机、微信、电子邮件等几个相关通信方式来呈现相应的礼仪规范。

通信礼仪

## 第一节　电话礼仪

电话已经是人们日常生活和工作中最重要的交际工具之一。电话沟通时，虽然人们看不见彼此的面容表情，不了解对方一切，可是透过声音，我们依然能了解彼此的想法，达到沟通的目的。教师职业需要与人经常沟通，除了当面的交谈沟通，也需要借助现代科技与不同的学生、家长，或者其他人员进行紧密的联系。在学校工作期间，座机电话是一个主要的联系手段。工作之余的联系，更多的是用手机联系。

不管与什么人沟通联系，都需要先了解电话的一些基本使用礼仪，以免造成不必要的误会。

电话礼仪

### 一、打电话的礼仪

教师的日常工作需要与他人沟通，在拿起话筒之前，我们应该注意哪些细节呢？

#### （一）通话前的细节

古人常说"有备而无患"。在打出电话前，最好先做准备。

1. 详情的准备

不管是什么缘由打电话,打给什么人,一定先要把对方的姓名、电话号码、通话要点等内容列出一张清单,可以写在便签上,也可以记在脑海中,这样在打电话时可以避免出现打错电话、拨错号码、缺少条理、结结巴巴、忘记内容等问题。如果是给学生家长打电话,要想好交谈的主题、内容,不要占用对方太长时间而词不达意。除了围绕学生的教育工作等事情,其他与学生家长无关的事情不必电话里商讨。

2. 情绪的准备

接通电话前,要把自己的情绪调整好。要让自己的声音有"色彩",要保持情绪稳定、积极,要有微笑的感觉。微笑能传递更多的良善意图。人们往往以为在电话里谁也看不见谁,讲起话来就不注意表情动作,不加入情感,其实这是误解。人的声音也可以传递出素养、情绪、心态、性格等特点。如果通话时希望对方了解真正的你,就必须把笑容、态度甚至肢体动作变成对方听得见的声音,激动时还可以把声音表情夸大一些。因为没有表情时讲出来的话往往是干涩的,对方一听就能想象出来,自己的喜怒哀乐在电话声中是可以被觉察出来的。

对于教师来说,如果因为学生的各种问题导致心情不好,在给他人打电话前,一定要深呼吸,调整情绪,尽可能放松心情使自己平静或者高兴起来,不要把烦恼和不高兴传染给他人,更不能带着抱怨给家长打电话,比如:"你们孩子犯什么错误了,你们快来看看;你们女儿这次期中考试没考好,你们家长怎么回事啊……"请切记,教师的任何一种抱怨、指责或者不愉快的语言,都会给学生甚至家长带来不良的影响,甚至会破坏学生与家长间的亲子关系。教师与家长是合作的关系,而不是隶属上下级关系,要遵循平等、尊重的原则与家长交谈,要本着解决现存问题去沟通,而不是一通发泄与责备,这才是教师基本的电话礼仪。

(二) 接通电话的细节

1. 主动问候

当电话接通后,要主动问候对方,我们一般是先轻声说:"喂?"这个语音的目的是测试电话是否接通,当感觉到电话已经接通,随后我们要使用"您好"或者"你好"这样的称呼。对于陌生人、长辈、受尊重的人或者上级领导,请使用"您好"问候语。这句问候语体现出了对别人的尊重和重视,可以让对方感觉到自己的礼貌和素养。请不要一开口就讲主要内容,因为我们先需要确认是否找对人。用"你好"这句问候语,一般是较为熟悉和普通的工作关系,甚至是用在晚辈的身上。比如,给学生打电话,教师应该使用"你好"来问候。

2. 内容简洁

（1）自报家门。当确认对方是通话对象后，要根据需要自报家门。自报家门包括姓名、单位、职务等。如果是教师给家长打电话，可以在问候之后，告诉对方，"我是某班某位老师"，然后简洁明了说明谈话主题，如果需要详细地确认，把需要确认的时间、地点、事件、物品等其他细节清楚明白地交代清楚就可以，不要含糊其词，或者寒暄过度，甚至丢三落四。生活中有人会放下电话后，又想起没有说清楚的问题，不得不再次打通电话沟通，这样的沟通会比较耽误双方的时间。

（2）控制时间。通电话时，双方交谈的内容说完，就应果断终止通话，不要反复铺陈、絮叨。那样的话，会让对方觉得你做事拖拉，缺少素养。教师的工作比较繁忙，课间休息时间短，所以，通话时间尽量不要太长，要长话短说、简单明了。

（三）电话时段的细节

通话最佳时间是在双方事先约定的时间或对方方便的时间，除非紧急情况。

（1）一般而言，没有紧急事件，一般上午7点前和晚上10点后及午休时间、用餐时不给别人打电话。特别要注意，给海外人员打电话，要先了解时差，以免打扰对方。

（2）考虑到对方当时工作繁忙与否，方便与否。要有意识地避开对方的通话高峰时间、业务繁忙时间、生理厌倦时间、下班前夕，这样电话沟通效果会更好。

（3）工作期间不可以打私人电话。尤其不可以在工作期间用单位电话沟通私人的事情，更不要打私人长途电话，这会耽误公务工作。私人电话在工作之余可以用自己的手机沟通。

（4）节假日时间里，国际惯例不打公务电话。公务尽量在工作期间沟通处理。不要把公务带给假期休息的他人，这是打扰别人的不礼貌行为。

（5）万能沟通语："请问您现在方便接电话吗？"当不清楚对方方便与否，可以先问对方，若对方讲明方便接电话，可以继续沟通；若是不方便，双方约定何时再通话，这样的电话沟通会使双方心情舒畅，有助于沟通成功。若是在对方开会、开车，或者其他重要时刻，突如其来的一通电话，会让对方不舒服甚至拒接电话，所以考虑对方的方便是必需的。

（四）通话时间长短

1. 三分钟原则

通话时间一般而言看事情的轻重缓急，尽量要长话短说。每次通话的具体长度都要有所控制，基本的要求是宁短勿长。我们提倡"三分钟原则"。在打电话时，

应当自觉地、有意识地将每次通话的长度,限制在三分钟以内。在通话开始后,除了要自觉控制通话长度外,必要时还要注意受话人的反应,从而灵活调节通话时间。

2. 预先商定原则

如果通话时间较长,最好预先征求一下对方意见。比如说:"我需要占用您五分钟时间,是否方便?"当电话结束时,要表示歉意和感谢。

在和对方通话时,可以多称呼对方,不仅会使对方专注,而且还会增加谈话的感情色彩。

### (五) 通话动作的细节

1. 肢体动作细节

打电话时,最好用手拿好话筒,尽量不要在通话时把话筒夹在脖子下,抱着电话机随意走动,或是趴着、仰着、坐在桌角上,或是高架双腿和人通话。不要以笔代手去拨号。话筒与嘴的距离保持在3厘米左右,嘴不要贴在话筒上。要坐直身体,单手持话筒,另一只手可以记下要点;站立时要站直,这样讲话气息顺畅,保证了通话的清晰度。

2. 打电话时不要吃东西

在工作场合与陌生人或者不熟悉的人打电话时,不要吃喝任何东西。这样的声音传过去,会让对方不解,甚至留下不好的印象。倘若正在吃东西,停止咀嚼后再讲话,否则口齿不清楚,对方听不明白。

3. 不要随意接挂电话

拿起或者放下话筒时要轻拿轻放,不要乱摔、重放,这样很可能会引起对方不舒服的感觉,不利于交流和沟通。

### (六) 通话音量细节

通话时也要注意控制语言音量。声音要适当,不要太大声,也不要声音太小。通话依靠的是声音,所以讲话要清楚明白,发音准确,使对方听清楚要表达的内容。倘若对方说你的声音听不清楚,可以适当提高音量,吐字要清楚,但不要太大声,我们是在对着他人的耳朵说话,要温柔和恰当。

## 二、接电话的礼仪

打电话需要注意很多细节,同样接电话也需要注意礼貌。

### (一) 及时接听原则

也被称作"铃响不过三"原则。这是指电话响起时要在三声左右接听起来,不要拖延太久,更不要一声就接听。电话铃声一旦响起,要立即放下手头的事去接听电话,不要铃响许久,才姗姗来迟。接听及不及时,反映了一个人待人接物的真实态度。自己的电话要亲自接听,轻易不要让别人代劳。

不要铃声才响过一次,就拿起听筒接听,这样会让打电话的人大吃一惊。因特殊原因,致使铃响过久才接,要在和对方通话之前先向对方表示歉意。正常情况下,不允许不接听来电,特别是"应约而来"的电话。

如果有公务必要,接起电话时,需要先自报家门,并首先向发话人问好。如果是对方首先问好,应该立即回复对方的问候。但在家里,出于安全考虑,可以不报家门,也不算失礼。

### (二) 非常规电话的处理

**1. 接听错误电话的处理**

工作中难免有人会出于疏忽而拨错电话。如果接到打错的电话,要简短向对方说明情况后挂断电话,不要为此勃然大怒甚至出口伤人。

有时候接起电话时,却听不见对方说话,这时如果不分青红皂白,在连续问候几声而没有人应答就破口大骂的话,未免显得太没修养。要知道,这可能是电话线路出了问题,造成了你听不见对方的声音,对方却能听见你的声音。如果破口大骂,万一对方是你的长辈或者上级,又该怎样收场?

**2. 接听恶意骚扰电话的处理**

如果接到恶意骚扰的电话,应该严厉而简短地批评对方,之后挂断电话。没有必要吵架或说脏话;如果问题严重,可以考虑报警。

如果接到各种广告和推销电话,可以婉拒后直接挂断;如果是诈骗电话,不必多费口舌,直接挂掉,可以考虑报警,也可以加入黑名单。

**3. 代接电话的规范**

假如对方要找的不是自己,不要拒绝帮忙代找别人的请求,特别不要向对方表示出你对他所找的人有意见,或是对方要找的人就在身边,你说"不在"。

代接电话时,不要充当"包打听",向对方询问和要找的人的关系。当发话人要求转达某事给某人时,应严守口风,别随意扩散。

即使发话人要找的人就在附近,也不要大喊大叫,而闹得人人都行注目礼。当别人通话时,更不要"旁听"或是插嘴。

对发话人要求转达的具体内容,最好认真做好笔录。对方讲完之后,还要重复一遍,以验证自己的记录是否正确无误,免得误事。可以在一张干净的纸上记录他人电话,记录内容应涵盖五个"W",即对方是哪个单位"where"、打电话人的姓名"who"、打电话来有什么事情"why"、通话要点"what"、什么时间打来以及什么时间回电话"when"。然后亲自交给他或把这张纸亲自放在对方所要找的人的办公桌显眼处(最好背过来放,以免让别人看到电话内容)。

代接他人电话时,他人不在,先回答对方要找的人不在身边,然后询问是否需要帮忙。不可以先问对方是谁,再说要找的人不在,这会带来各种误会。

不到万不得已,不要轻易把自己代人转达的内容,再托他人转告。这样一来,不但内容容易走样,也耽误时间。

### (三) 结束通话的规范

一般而言,结束通话由打过来电话的先挂电话。当对方已经表达清楚明白,不要再有其他多余的话题,干脆利落地等对方结束挂断,说"再见"就可以了。挂电话时,轻轻放下听筒,不要大声放下,吓到他人。

当通话因故暂时中断后,应该由发话人或是身份低的人立即给对方拨过去,不要不了了之,或干等对方打来。

一般是受尊敬的一方先挂电话。受尊敬的一方既包括长辈、上级、客户等因素,也包括其他重要人物。

## 第二节　手机礼仪

手机已经是普及性科技产品,它带给人们的便利功能已经远远超过电话。人们通常每天醒来的第一件事是翻看手机,看时间、看天气、看微信、看邮件、看新闻等。由于手机功能强大、携带方便,手机的使用已经成为生活的必需和常态。无论是在社交场所还是工作场合,人们都肆意地使用手机,这已经渐渐成为个人礼仪的巨大威胁之一。电话礼仪的所有原则也适用于手机,但是手机也因其独特性有需要注意的细节。

### 一、公共场所使用手机的规范

由于手机随身携带,在公共场所的时间多于在个人空间,手机使用更需要关注公共空间的细节。

（1）在公共场合使用手机打电话要把音量降低，手机的功能可以使对方听清楚对话，不必大声喧哗和喊叫。大声讲话会影响到周围他人的清静，更会吸引他人注意，导致别人的侧目。不妨碍他人才是真正的修养。

（2）公共场合特别是楼梯、电梯、路口、人行道、狭窄通道等地方，不可以旁若无人地使用手机。过马路时请收起手机，不要边使用手机边过马路，请尊重自己和他人的生命安全。过马路要迅速通过，不要因为使用手机而动作迟疑，容易导致不良后果。楼梯口和电梯口，人流量大，不要妨碍他人行走。

（3）在参加会议、讲座、报告时，请把手机调整为静音模式或者飞行模式。这样既显示出对别人的尊重，也不会影响到周边他人。那种在会场上铃声不断、接听电话不断的人，显得缺乏个人修养，会影响其他参与者，这是失礼行为。

（4）在影剧院欣赏艺术作品，请把手机设置成静音模式。若有紧急事件，请用短信或者去外边通话，不可以铃声大作，影响其他观看者的心情和感受。音乐欣赏途中，更是不欢迎手机铃声的应和。

（5）在餐厅吃饭时，请把手机收起来。手机的频繁使用会让相聚的朋友失去聚会的兴趣。一个人把玩手机过多，是对在场他人的不尊重和不重视。对于常见的拍摄菜品行为，可以偶尔为之，不要一直如此，使得大家不好意思下筷子取菜，要考虑到吃饭的目的和他人的感受。同时，手机尽量调为震动模式放在包里，或者是不起眼的角落，不要在大家相谈甚欢的时候有电话铃声干扰，或者吃饭途中频频接打电话，这会忽略身边人的感受。如果有必要，可以表示抱歉，出去接打电话。至于用手机录音或者录像，要征得他人的同意才可以，并不要轻易传播。

（6）在大部分公共场合，请把手机放入背包或者衣服口袋里。不要一直放在手中或者挂在身体上。这样的行为会显得个人太过于随意和松散。

**特别提醒：**

手机在私人空间的使用，也要注意细节。不要在家人面前不停地使用手机，这是影响家人情感的主要诱因之一。家人在一起时，需要时时关注和交流，需要真切的陪伴，不要因为手机的使用，使得亲子关系和夫妻关系有了隔阂。

## 二、手机安全使用的细节

使用手机时，要注意牢记以下安全准则。

▶ 开车时，不要使用手机通话或查看信息。

▶ 不要在加油站、面粉厂、油库等处使用手机，免得手机所发出的电磁波引起火灾、爆炸。

▶ 不要在病房内使用手机,以免手机信号干扰医疗仪器的正常运行,或者影响病人休息。

▶ 不要在飞机飞行期间使用手机,以免给航班带来危险。

▶ 最好不要在手机中谈论商业秘密等机密事件,因为手机容易出现信息外漏,产生不良后果。

### 三、手机微信的使用礼仪

微信是一种新型的网络沟通软件工具。它可以下载于智能手机中,与智能手机相配套。相比之前的其他网络沟通工具,这种沟通方式有着很大的优势和吸引力,已经成为当代人最主要的手机沟通软件之一。微信的出现是现代网络沟通技术的创新,由于符合人们的使用习惯,同时它有着良好的互动功能,极大地方便了家人、朋友、同事、客户等的交流和沟通,已经成为个人与他人之间最主要的沟通工具,也成了这个时代的标志。

由于微信拥有着方便的沟通功能,且安装于手机中,手机又是人们每天携带的必备生活工具,所以教师也成了使用微信的主要群体之一。微信所提供的交流平台虽是一个休闲娱乐的非正式交流平台,但是也逐渐成为传递信息的正式平台之一。教师运用微信可以与同事、朋友交流感情,与家长沟通学生情况,与领导沟通工作;既可以展示个人生活特点,也可以展示个人工作素养。微信成为生活、工作的一个重要交流工具。但是微信的使用也需要注意一定的礼仪规范,这样才能发挥其有效沟通的作用。

#### (一)微信使用的原则

微信的使用极其具有个人特质。不管使用微信聊天,还是通过朋友圈展示的各种信息,无一不透露着使用者的状态。他向各类型朋友展示了他是谁、他的职业、他的个性特征、他的生活态度、他的心理特征、他的价值观念甚至是信仰。不论哪种展示,都是一种具有个性特征的展示。在使用微信的过程中,需要遵循以下原则,可以有效地展示个人特征。

1. 适度原则

不管是关于生活,还是关于工作,使用微信与他人聊天或者使用朋友圈展示自身特征的时候,都要遵循适度原则。

早期的微信好友仅仅局限于非常熟悉和亲近的朋友和家人,随着微信功能的强大和使用者人数的增加,人们的好友范围逐渐泛化。好友已经不仅仅局限于真正的好友,出于各种生活交往、工作或者学习的需要,好友的范围已经扩大到不熟悉的人群当中。在与任何一位熟悉或者不熟悉的人交谈或者在个人朋友圈展示自身某项特征的时候,要注意适度原则。不管是工作活动的展示、个人生活状态的展示、个人情感的展示或是个人兴趣爱好的展示,都要考虑到他人的心理感受。因为微信朋友圈已经不仅仅是熟人圈子,也可能有不熟悉的人在围观、在欣赏。要考虑到自己所展示的状态是否会影响到他人的心情,是否会刷屏太多,导致他人无法看到他想看到的内容。在聊天或者展示的时候,要适当减少展示数量。比如,有人喜欢聊自己的爱好,养一些花花草草,于是与人聊天或者发朋友圈的时候,无数的图片蜂拥而来,这会影响到他人的视觉,甚至太多展示,会导致他人不理解而生出嫌隙。当然,若不是很熟,被屏蔽也是很正常的现象,而熟人会比较尴尬。所以不管是言语交谈还是信息转发,都要注意适度原则。

2. 正面原则

微信的群聊和朋友圈功能极大地方便了大家对各种事物的态度和看法的交流。于是经常会看到有人在群里或者朋友圈发布各种言论和信息。有的人喜欢一次发超过三条的各种信息或者感想,实际上不是所有的人都有同样的兴趣爱好。当然其中有些人还喜欢发一些负面的报道、评论或者悲观的内容等,这些都会带给其他人不适的心理感受。一般而言,人们会自动选择不看负面信息,但是不适感依然存在。不管是聊天还是朋友圈展示,那些积极的、正面的信息能起到鼓舞、激励、开悟、明理、启智的作用,容易被大家接受和理性思考。所有这些正面信息的发布和展示既是个人素养的体现,也是对他人的一种深层关爱。即使不熟悉,大家也会从中受益。所以,请在使用微信时,展示正面的信息和内容,这既是礼仪的要求,也是个人素养的体现。

3. 隐私原则

微信的使用,有一定的隐私性。任何人都不愿意展示自己全部的真实生活状态。很多时候人们展示的是当时的环境和当时的感受。在展示任何生活、工作状态时,要注意保护隐私,不要把个人信息全部展示。个人隐私包括自己的家庭详细住址、家人的相貌和工作单位、家人的习惯爱好,甚至是个人的财富。这些能让所有人知道的详细信息,还是不要展示为好。因为随着朋友群和朋友圈人数的不断扩张,熟人与陌生人都会不经意间出现在你的好友通讯录中,并不是所有的被添加为好友的人都是好友或者都是良善之辈。当然,良好的兴趣爱好,如美食、运动等,是可以充分展示的。

同时,自己好友的真实隐私情况也不要展示太多,他人的隐私也需要保护。教师除了保护自己和朋友的隐私外,也需要保护学生的隐私。不要随意展示学生的详细情况,包括学校、班级、名字、成绩等,学生更是需要尊重和保护的对象。

4. 谨慎原则

随着生活节奏的加快,大部分人的线上阅读时间都碎片化了。大部头的书籍或者文章似乎不太容易引起人们的关注,而微信当中流传的各种短信息却转发较为广泛。这些短信息主要包括各种心灵鸡汤、唯美短篇、养生运动、时事评论、揭秘、求助等。它们充斥着每个人的朋友圈和朋友群,总是让人们目不暇接、真伪难辨。在信息爆炸的时代,要学会分辨、判断、思考后再去传播才是一个负责的阅读态度。要遵循谨慎的原则,不要传播和转发那些伪劣和虚假的信息,无聊的八卦和娱乐信息,虚假、恶意的评论信息等。凡是引起他人心理不适的内容,要谨慎对待。传播和转发所展示的也是一个人对人生和事物的态度,甚至也是一个人世界观的展示。

**(二)微信使用的具体规范**

由于微信的使用已经不仅仅局限于一个小范围的纯粹私人的空间,现在使用人数增多,范围扩大,逐渐有了公开和半透明化的感觉。熟人圈子逐渐成了新的非熟人的大圈子。在使用微信与人聊天,在朋友圈发布各种信息,也不再是个人随意的事情。它会反映出个人的修养、个人的品位甚至个人的其他隐藏信息,所以使用微信功能时注意以下细节,才能更好地发挥这个沟通工具的功能,也才能恰当地展示自己。

1. 关于聊天规范

沟通是人类的本能,是生活工作的必需。教师也通过微信与家长或者朋友沟通。同时出于工作方便的需要,有些教师还建立本班的家长群。不管哪种形式,都需要注意聊天的基本规范。

(1)不谈隐私。在私人单独的聊天中,可以与真正的好友倾诉生活、感悟人生,甚至可以谈真实的情绪和感受,也可以发表意见和评价。但是在公共的群聊中,请谨慎发言。一旦有人倾诉个人情绪太多,尤其涉及隐私或者小道消息的内容时,不熟悉的人会感觉诧异,甚至会反感,个人的良好网络形象会受到影响。教师的沟通更需要注意细节:

第一,教师与家长单独聊天时,可以指出学生的优点和不足之处。沟通关键在于达成家校的配合,而不是一味地告状或者指责,找出问题的对策才是充分运用沟通软件的主要意义。

第二,教师在家长群聊天时,更要注意保护学生的隐私。成绩就是学生的最大隐私,不要把每次考试的成绩全部公布出来。每个学生的学习能力不同,成长速度不同,成绩只是衡量一段时期的学习力,而不是终身的发展。对于一些学生家长来说,孩子的成绩被教师在家长群公布,心里会有很大压力和负担。家长会因为各种因素,与孩子产生误会,导致亲子关系的恶化。教师与家长沟通的目的在于改善学生的学习能力,而不是制造新的家庭矛盾。

(2)内容慎选。教师在参与家长群聊天时,内容最好仅仅限于发布学校的各类消息和提醒学生作业或者其他注意事项为好,不要发布一些与学校和学习无关的其他内容。比如有些教师喜欢发布一些需要大家投票、关注和转发的链接,这些会带给学生家长负担。出于可以理解的角度,家长们会不遗余力地转发、投票,甚至会每天坚持,而实际上真正发自内心愿意这样做的家长并没有几个。家长也有自己的工作和生活,没有谁会不停地关注群聊、关注投票。所以教师发布内容,需要慎重考虑。不给别人带来麻烦,才是为人的美德。

(3) 杜绝广告。有些时候,人们认为微信群里的人多,会有潜在的经济利益。有些教师受各种亲朋好友的委托,帮别人进行产品的宣传和推广,这是一种严重削弱教师威信的不当行为。教师的职业是育人,主要聚焦点是关注学生,是关注人的内在发展,而不是引导家长去消费,这与自身的职业不相关。各种推广行为会让家长怀疑教师的职业素养和教育能力。

2. 关于朋友圈的规范

朋友圈是一个可以了解好友动态,并且可以发表和展示个人观点、信息的平台。朋友圈里的内容可以包括生活类信息和工作类信息两大类。两类信息展示出个人的价值取向和生活态度,据此大家可以逐步找到各自的同类。比如,教育类的好友,转发关注的更多的是教育信息,或者各自的趣味生活;而其他职业的人士,也会体现出各自的特点。不论展示什么内容,都是一个无声的沟通和亮相。

教师在空闲时间也会在朋友圈展示各自的生活、工作。基于教育工作的独特性,教师们关注的大多与教育活动有关,有关于教育的现象问题、教育的规律、教育的智慧等,也会有关于学生的信息。不管是自己的生活展示,还是教育工作的展示,都要有所甄选和考虑,不是所有随意想到的内容和观点都是可以发布在朋友圈中的。朋友圈由最初的隐秘平台走向了半公开化,在朋友圈中发布内容需要有一定的规范。

(1) 不涉及隐私。不管是自己还是其他朋友的生活信息和工作信息,都不要在朋友圈中随意展示。隐私的内容包括自己的详细工作生活地址、家庭收入、家庭成员的清晰相片等。因为不同的人有不同的朋友圈子,有时候一个无意识的展示会给自己和他人带来不必要的麻烦。

(2) 不公开展示学生的详细情况。作为教师,偶尔会因为学生的某种成绩或者不当行为而产生焦虑,于是有些教师会在朋友圈中发布某种情绪或者公开学生的成绩、作业等,这样的行为会暴露学生的个人隐私。不管朋友圈中是什么层次的人,学生是未成年人,是教育对象,遇到问题可以直接面对,而不是用展示的方式去表达情绪。

(3) 不发布负能量的信息。即使生活、工作中有不尽如人意的时候,都不要在圈内发布心情不好、工作不顺、朋友不善、婚姻不幸等。有些适宜与朋友私聊,或者与家人倾诉。在朋友圈中的任何一种抱怨和埋怨，都是一种负能量的体现，会让围观好友产生不适的心理感受，也会影响自身的美好形象。

（4）不发布有待核实的各类信息。有些人喜欢发布各类生活信息，包括求转发、求赞、求关注、求投票、求团购、求资助、求寻人等。任何一种打扰到他人心理感受和情绪的信息，都是一种不当的展示行为。因为网络时代，也是信息爆炸的时代，真假难辨，若是身边的真实求助信息，可以帮忙转发或者关注，而不可靠、不知来源的信息，要慎重展示发布。

人们都喜欢浏览短文、简讯，任何积极向上的、鼓舞他人的、有益于人们思考和增加生活亮点的信息，都可以出现在朋友圈中。

## 第三节 电子邮件礼仪

电子邮件的广泛使用是现代人的基本生活样态。电子邮件通过电子通信系统进行信息的书写、发送和接收，以达到人们相互的沟通和联系。电子邮件可以用文字、图像、声音等各种方式表达。通过电子邮件系统，人们可以非常快速地与别人达成信息交流的目的，也方便人们随时查看阅读并且保存。电子邮件从本质上来说仍是一种信函，但与传统邮件相比，电子邮件的优点是显而易见的，它既减少了人力、物力的消耗，节省了社会资源，又节约了时间，极大地提高了工作效率。电子邮件在全球范围内几乎可以忽略空间距离，达到收发的同步性。与同样提供实时通信的电话和传真相比，电子邮件所需的费用最低。由于使用简易、投递迅速、易于保存，全球畅通无阻，电子邮件被广泛地应用于各种工作领域。

教师职业也必不可少地需要使用电子邮件。教师使用电子邮件的领域可以是私人生活，也可以是工作领域。其主要对象包括朋友、学生、家长、同事、领导等，与众多不同对象进行生活或者工作的沟通，必然需要注意一定的规范。电子邮件的使用得当与否，会影响到自身的形象，也体现个人礼仪素养。所以使用电子邮件，需要注意以下几个原则：

### 一、使用原则

#### （一）尊重原则

电子邮件的方便和快捷使得人们在交流信息时，除去及时需要回复和沟通的信息,其余不是很着急或者需要慢慢讨论的问题,会选择邮件去互通交流。在发送或者接收邮件的时候,需要注意基本的彼此尊重原则。尊重表现在发送邮件时,若是初次发邮件,并且发给有业务联系的人员,请一定要署名,包括要署自己的真实姓名、单位、具体的科室、职位。发给别人邮件基本的礼貌是要让对方知道你是谁,要做什么,这样对方会比较及时地回复或者反馈。倘若没有这些内容,对方不知道发邮件的人是谁,怎么会关注具体内容呢?自报家门就是对他人基本的尊重,更是个人的素养体现。信件内容也要参照普通信件的书写格式,若与很熟悉的人进行邮件往来,也需要注意尊重对方的各种细节。如发邮件的时间段,信件内容的复杂程度,是否需要及时回复等。在给他人发过邮件之后,若是方便,可以用手机短信或者其他通信方式做一个简单的提醒。

### (二)隐私原则

邮件的存在方便人们进行远距离信息沟通,使人们保持一定的联系。其大多与工作有关,不涉及个人隐私问题。邮件的内容若是涉及个人隐私,会有泄露的风险,更何况个人隐私在邮件中传递不一定可以被他人理解或者认可,不一定有利于情感的抒发和沟通,所以不必要在邮件中透露个人隐私。当然涉及国家和商业的隐私也不可以在邮件中传递。若需要沟通个人隐私问题,可以面谈或者电话沟通。

### (三)及时反馈原则

不管是接收邮件还是发送邮件,总是有信息需要沟通和交流,请及时反馈回信。平时的各种邮件尤其是涉及工作问题,一定要及时回信。因为发信人会期待回信,期待对信件内容的反馈。及时反馈也是一种尊重别人的体现。若一封邮件在邮箱中等待了太长时间,即使以后看到信件内容,也错过了当时的情景和作用。这对双方来说都是不合适的做法,由此可能错过重要的事情。

## 二、具体的邮件礼仪

邮件往来虽然看似简单,但是在具体操作中,人们可能会由于各种不慎重的发送方式而影响到他人的感受和情绪,甚至因此而影响到自身的形象和单位的影响力,所以要注意具体的细节。

(1)发送邮件的时候,一定要自报家门,主题明确。自报家门的方式有两种,一是可以在邮件内容尾部署上自己的姓名或者个人的其他信息。二是可以在信件主题栏中直接写明自己的姓名、邮件主题。不要只用网名,甚至不表明主题,若是这样的邮件发出去,对于不熟悉的人来说,是不大可能点击阅读的,毕竟现在各种广告垃圾邮件太多,谁也没有时间去仔细分辨邮件的真伪。若是发邮件给熟人,并且邮件已被他人备注，可以不用直接写姓名，但要在发信主题栏中，写明信件主题。要做到主题明确，用几个字概括出整个邮件的内容，精确地表达邮件的重点，方便收件人权衡邮件的轻重缓急，分别处理。

（2）发送邮件的主体内容要尽量精炼和简洁。不管是涉及什么工作内容，都要简洁明了地说明。若是需要发送的内容较多，可以用附件的形式发送，同时要在邮件的正文中对附件的内容做简要说明，以方便对方及时查看和整理归纳。

（3）内容中要使用恰当的敬语或者祝福语。邮件内容在语言上适当使用敬语，是个人素养的体现，也是工作中的基本礼貌。比如，在称呼上可以多用"您"而不是"你"；在信件末尾可以祝对方工作顺利或者身体健康、心情愉快等，这样的信件会使别人体会到真正的尊重和友好，这样的信件会获得及时反馈。

（4）发送过后，对于重要邮件要检查是否发送成功。在发送邮件中可以看到发送状态，必要时要给对方电话、短信等提醒邮件已发送。

（5）关于自动回复。若是收到邮件，可以设置自动回复，告知对方收到信件。自动回复的方式可以是一句"我已收到您的来信，会及时回复"，当然也可以是简单的"收到"两个字。自动回复也是给别人一个信息反馈，但是不要设置另类的回复。

（6）收到邮件要及时回复反馈。不要让发信人长时间地等待回复。让别人长时间地等待，也是不礼貌的行为，毕竟发信息的人是希望获得沟通和信息反馈的。需要回复的信件，最好重新添加新邮件；若是直接回复，需要去掉原来信件内容，或更改主题栏，以便对方一目了然。

（7）关于书写内容，不要用太多的花色信纸图案，不要添加卡通图片、动图等，也不要用太多网络用语，简单的原色信纸和背景就可以。邮件沟通的目的是需要简单快速地传递信息、获得反馈，而不是变成干扰别人视觉的无效信息。

（8）关于转发，不要随意转发他人邮件给另外的人，除非获得允许。若是需要发送通知多人的邮件，可以一次性群发，标明主题就可以。

邮件虽然不是当面的沟通，但是也需要认真对待，处理邮件的态度，也反映一个人对待他人的基本素养。

### 思考与讨论

1. 打电话需要注意什么事项？谁先挂断电话比较合适？
2. 微信使用需要注意的原则是什么？
3. 模拟一次与熟人和不熟的人打电话的情景，交谈内容自定，感受两种电话的细节差别。

# 第九章
# 教师校园场景礼仪

> 君子以仁存心，以礼存心；仁者爱人，有礼者敬人。爱人者人恒爱之，敬人者人恒敬之。
>
> ——《孟子·离娄下》

**本章提示**：教师的职业生涯使得教师的主体活动范围主要在学校。学校中有不同类型的公共场所，有各种各样的集体活动，在所有场所活动中，都有相应的礼仪规范。校园场景指的是在学校的公共场所内发生的各种活动所形成的整体情境状态。那么校园场景礼仪就是指在这些公共场所中进行活动时所需要遵循的各种规范细节。校园公共场所包括办公室、图书馆、会议室、操场、校园道路等场所。只要在公共场所进行活动，必然要有活动规则。这些规则中约定俗成的本意就是对自身和他人的深切关怀。本章从教师经常活动的场景，按照空间的不同来分析教师应该注意的礼仪规范。

校园礼仪

校园公共场所是所有师生可以共享和参与的空间范围。教师在校园中的任何公共空间工作、生活，都需要注意每个不同空间的活动细节，这是每位教师应该具备的基本礼仪。

**校园公共场所活动礼仪**

在校园公共场所活动时，需要遵循以下基本原则：

其一，不妨碍原则。公共场所是所有在校师生可以活动的空间范围。教师是学校的主导者、引领者，在参与任何一个公共场所的活动时，要注意不妨碍他人原则。不妨碍意味着不可以随意打扰到他人的工作和思考，不在安静的场所大声喧哗，不在整洁的空间里制造各种垃圾污染等。比如，男教师不要在公共办公室随意抽烟；在他人在场时不要大声打电话。不妨碍原则意味着深层的人与人之间的尊重、理解，意味着自身的自律性。不妨碍原则是人们在任何一种公共场所需要遵守的基本礼仪规范。当你在公共场所时，不制造各种对他人的妨碍行为，就是基本的礼仪素养。

其二，不过度原则。校园公共空间是师生都可以共同享用的范围。在公共区域所发生的任何活动中，意味着可能有自己，同时也有他人。在公共空间活动时要注意适度原则。适度原则要求教师在参与不同场景活动时注意自身的言行举止，要适度，不要夸张和过度，要有分寸感。比如，教师在参加学校会议时，要保持安静，不要大声或者小声讲话，也不要坐立不安，或者不停地拨弄手机等。在与同事相处时，要注意什么话题可以谈，什么话题不可以谈。在公共场所表现出的任何言行细节，既体现了自身的礼仪素养，也反映出对他人的真实心理态度。人们的相处除了有外在的空间距离感，也有心理上的距离感。不要轻易地在他人的禁忌中过度干预和打探，这也是需要教师注意的事项。比如，不要轻易地询问他人的生活隐

私、家庭隐私,不要认为大家很熟,可以随意问他人的婚姻、家庭、经历等。教师不管是与学生还是与同事交往,都要把握分寸,不要过度地侵入他人的心理空间。

其三,不麻烦原则。人们在日常的工作空间和生活空间中,有时难免要请求他人帮助。但有些人在麻烦别人时,还想这是一件小事而已,殊不知在自己眼里的小事情,在他人眼里未必如此。别人会因为你自认为的小事而去费心思、费力气,甚至费人情去帮你处理,而在被帮助的人眼里,别人所花费的时间精力却不值一提,不铭记在心,甚至认为理所应当,只是因为我们熟悉。这个现象背后说明没有真正重视他人。在当代生活节奏加快、文明程度日益提高的当下,不麻烦他人是一个人基本的处事原则,没有任何一个人有义务必须接受他人的请求。帮助他人是美德,而借此来总是麻烦别人,却不是美德。比如,办公室同事收快递,自己不去取,而是请他人帮忙带来,这是小事,但是如果他人很忙,东西很重,甚至也需要带很多东西时,这样的请求是不是会带给他人麻烦呢?每个人的时间和精力有限,能在有限的时间里做好自己的工作就已经是比较消耗精力的事情了,为何要给他人带来额外消耗时间的事情呢?所以,不管大事小事,在自身可以做好的情况下,尽量不要麻烦他人,这是对自己能力的自信,也是对他人的尊重。

## 第一节 办公室礼仪

学校办公室是教师完成日常工作的一个基本场所。教师在办公室可以备课、研讨、批改作业、读书、指导学生、会见家长、课间休息等。这里是同事们每天工作停留时间较长的空间。同事之间相处愉快、氛围和谐,会形成一定的凝聚力,良好的工作关系能促进教师的专业发展,更会影响到学生的成长和发展。所以要营造和谐友好的办公室氛围,必须注意办公室的礼仪细节。

### 一、与同事相处的礼仪

同事是共同做事情的人,是每个人成长路上的伙伴。教育是一项需要合力工作的事业。在学校中,教师是一个大集体,每一位教师都需要与他人配合,才能共同培育学生。在教育活动中,教师集体内部的道德面貌影响着教育的效果,同时教师在处理人际关系时所表现出来的道德品质总会直接或间接地对学生产生影响。要培养学生行为举止的美德,教师必须表率,在生活中和工作中,体现出个人的礼仪素养,尤其在办公室与同事相处时,一言一行都要符合人际交往的规范。

办公室礼仪

## （一）语言礼仪规范

语言在人际交往中占据了最基本最重要的作用。语言是表达思想情感的基本工具。语言会随着时间、场合、对象的不同而表现出不同的状态和思想情感。语言的礼貌关键在于尊重他人和深深的理解。教师与同事在办公室相处时，要注意自己的语言使用规范。同事既不是家人也不是陌生人，而是彼此较为熟悉的合力培养学生的合作者和协助者，这是一种合作式的工作关系。良好的工作关系有助于每个人事业的发展，更有利于学生的成长。良好工作关系的建立和维护需要运用恰当的语言工具。那么，具体的语言礼仪规范要注意哪些方面呢？

1. 语言称谓要得体

语言是礼仪的一个载体，在与同事交往时，要注意恰当地使用礼貌用语。比如"您好、请、谢谢、很抱歉、再见"等。即使是很熟悉的同事，也不能直接称呼姓名、小名甚至绰号等称呼。一般在与同事相处时，尽量使用约定俗成的称呼，比如"王老师、李主任、张校长"等。

2. 话题选择要慎重

同事在办公室休息时，难免会放松一下随便聊聊天。在不打扰他人的情况下，可以小声交谈，可以是工作上的事情，也可以是生活中的点滴。但是在聊天中，要慎重选择话题。凡是涉及个人隐私的问题尽量不要谈，同事之间应该要保持适当的心理距离。同事是合作者，是工作中的伙伴，却不是情感上的沟通对象。如果彼此还没有成为好友，仅仅是普通同事关系，那么请不要与对方聊自己或者他人的婚姻问题、收入问题、成长经历等关乎个人隐私的话题。当代社会非常注重个人隐私，这是不容侵犯的部分。也许在某些人眼里，询问别人隐私是关心对方，而实际上，没有任何一个人会愿意把自己全盘背景透露给别人。教师因为工作的关系，要经常了解学生的生活和学习细节，这是出于对学生的学习负责的态度，而这种事无

巨细都要了解的态度,不可以用在与同事聊天中。

3. 语气态度要平和

同事间相处需要有和谐的氛围和友善的态度。办公室同事谈话时,要注意语气亲切平和、面带微笑。任何人都喜欢语气温和、态度认真的同事。不要因为工作上的不顺或者生活中的烦恼而面带寒霜,拒人于千里之外。同事之间相处贵在真诚友善,对他人友善也就是对自己尊重。

(二) 行为的规范

教师在办公室的一言一行,都会对他人造成一定的影响。所以教师在办公室工作期间,要注意自身的各种行为,要尽量做到不打扰他人。

1. 说话音量要降低

不管是打电话,还是教导学生,不要因为激动或者兴奋而提高音量,办公室是大家的工作空间,不是私人场地,所以语言的声音过度高亢,会影响到他人的工作情绪。同时更不要因为学生的事情而大发雷霆,咆哮于办公室。适当的情绪控制是教师应该具备的能力。

2. 动作幅度要轻柔

通过观察生活中人们的走姿,我们发现有些人走路声音较沉重而且拖沓。在办公室要考虑到他人的安静需求,要尽量轻声行动。比如开关办公室门时要轻开轻关,不要太用力,这既是对公共财物的保护,也是对他人的在意。搬放物品时要注意力度,要轻拿轻放,不要摔东西、丢东西,尤其不可以摔公用电话。

3. 及时关掉水电开关

公共区域的水电要及时关闭。最后一位离开办公室时要关闭门窗和饮水机、电脑、打印机等开关,注意节约和有效使用。

4. 珍惜节约公共物品

条件较好的教师办公室一般会配备一定数量的公用物品。比如电话、打印器材、音响、纸张笔墨、清洁用品等。在使用这些物品时尽量节约使用,不要浪费。即使是无限量供应,也要注意公共物品的保护、珍惜,不可以一个人独占公用物品,或者肆意浪费。

## 二、办公室环境维护礼仪

教师的工作性质需要安静整洁的良好环境。良好的环境需要每位教师共同营造。良好的环境有利于教师集中精力做好教育教学工作,有利于对学生的教育引导,也有利于和家长的积极沟通。在环境的维护和保持方面,需要所有成员一起参与,尽量做到"净、静"这两项要求,就会创造出舒适的工作环境。

### (一) 每天清洁地面

干净的地面可以让人放松心情。办公室的地面尽量不要堆放杂物。即使需要暂时放置物品,也要有规则地摆放整齐,要及时清扫地面灰尘和杂物。

### (二) 要定时清洁门窗

好的环境要达到窗明几净的程度,门窗的清洁度犹如眼睛,若是窗户玻璃被灰尘蒙蔽,那么环境的洁净度大打折扣,会让办公室的人员有心理上的不适和视觉上的烦忧,视觉上的洁净会带给人安宁的心境。教师要育人,心境的完美有助于学生的健康成长。

### (三) 适当摆放绿色植物

植物的摆放有助于净化空气,也可以舒缓疲倦的眼睛。教师的工作环境中有绿色存在,是一种生命力的视觉冲击,可以缓解工作的疲累,偶尔看看绿植,也可安静心神。

### (四) 办公桌的美化和整洁

每位教师都有自己的办公桌或工作区域。在这个空间也要注意物品的摆放整齐和桌面的干净和卫生。干净整洁的小区域是教师个人能力品位的象征。没有人会相信桌面很脏乱的教师,会是一位严谨认真的人。不要把办公室变成个人的茶室,突出个性可以,但是要注意整体环境的和谐。

### (五) 保持墙面整洁

即使是个人的区域墙面,也要保持干净和整洁,不要随意粘贴各种记事便签、图片或者个人相片等。干净的墙面有助于集中注意力,过多的装饰物品会分散个人的注意力。

### (六) 及时清理垃圾

教师工作一般会产生较多的纸质废品。比如旧试卷、用过的打印纸、用完的笔墨等,请不要任由垃圾成堆,要及时清理出去。

### （七）保持空气的清洁

好的环境需要空气清新。要经常开窗通风，使得室内环境有新鲜的空气和充足的光线。如果教师需要在办公室吃早点，更需要开窗通风，以免刺激性食物的味道残留在空气中，会引起他人的不适。人与人之间的尊重和理解，也需要注意细节。

## 三、电脑礼仪

电脑是办公室配备的硬件条件，是方便教师工作的重要工具。现在使用电脑已经是教师工作的常态，但是在办公室使用电脑不仅仅是个人的行为，某些细节会影响到他人的工作状态。如何合理使用电脑，能深刻反映教师个人的工作能力和个人素养。

▶ 使用电脑要正确开机和关机。有时由于工作时间匆忙，有些教师会强行关机，这会损坏电脑硬盘，或导致系统崩溃，要按照正常程序开关机。

▶ 平时要擦拭电脑外观，保持电脑整体洁净。即使是键盘，也要用特殊小工具清理干净。干净的外观会带来好心情。

▶ 电脑内存要及时清理。无用和过多的无意义文件会让电脑变慢，导致工作效率降低，要经常进行垃圾清理，可以加快运行速度，也方便保存更有价值的工作材料。

▶ 在学校期间，不要使用电脑做与工作无关的事情。如聊天、打游戏、看电影、听音乐、看小说等。尤其是不要使用音响外放功能，这会严重干扰他人的工作和思考。

▶ 使用电脑动作要轻。不要使劲击打按钮，或者敲击键盘，更不要摔击鼠标，有任何使用问题要积极解决。爱护公物是基本的素养。即使今后不再使用这台电脑，也要让电脑完好地"退休"，不要残缺不全。

▶ 不再使用的电脑，请把需要的和有价值的文件拷贝出来，以方便日后换新电脑保存。

▶ 学校电脑里不要保存私人的相片、视频、信件等文件。工作电脑只是用于工作，不是个人的私有物品，这也是对个人隐私的保护。

## 四、其他礼仪禁忌

▶ 关于着装问题。除去个人形象的整体塑造外，在办公室活动，要注意着装的分寸和风度。女教师不要着装太过于短小和紧身；要用淡妆，不要浓妆艳抹；高跟鞋要适度，走路要轻巧，不要用噪声打扰到他人；如用香水，用淡雅的味道即可，不要用浓厚的香气袭击他人的嗅觉。男教师即使天气炎热,也不要穿着拖鞋、大短裤和无袖背心出现在办公室中,也不要随意脱掉鞋子;坐姿要稳重,不要随意抖动肢体。

▶ 不要在办公室中抽烟和喝酒,甚至打牌,大声喧哗,这些不当行为会打扰到他人,也不是教师应有的行为。

▶ 不要在办公室讲小道消息、八卦传闻、同事隐私、领导问题等,以免大家侧目。隐私和秘密是一种不适合聊天的话题,个人的喜悦和爱好、他人的喜讯、社会重要新闻可以作为休息谈资。

▶ 不要炫耀和攀比。有些女教师出于某种心态,喜欢炫耀自己的家庭经济状况或者是奢侈品,这会导致同事间产生某种不和谐的状态,应低调行事。维护良好的办公室氛围,是一种真正的素养。

▶ 不要窥探隐私。同处一室工作,有的教师会出现工作上或者生活上的疑难问题,如果需要他人帮忙解决,同事可以伸出援助之手;但当对方并不需要帮助时,请不要打探太多情况。过多地关注他人,会引起他人的心理不适,更不要偷听他人隐私谈话而四处传播。

▶ 不宣泄负面情绪。个人的负面情绪也不要在办公室中过多倾吐,大家会不知如何去应对。情绪的好坏会有一定的传染性,教师职业要求教师具备控制情绪的能力。

▶ 不要大声训斥学生。如若必须请学生来办公室训导,请控制情绪并且压低音量。学生本来会有畏惧训导的心理,若教师的声音高亢,既影响到他人,也会使得问题不能有效解决,更不可以对学生体罚。这失去了教育的目的,也会侵害学生的自信自尊,更会导致办公室不良的心理氛围。教师的教育方式可以多样,但要注意他人的感受和心理状态。

▶ 不要对任何来访者冷漠。即使来访者是找其他教师,也不要冷面相对,要适当打招呼,请人入座。如对方需要等待,要递上茶水,防止尴尬;若有需要回答询问,要态度和善,及时回复。冷冰的态度和漠视他人的行为,是缺乏基本素养的体现,也不是办公室主人翁应该有的态度。

▶ 不要随意挪用他人物品。未经他人允许使用他人物品是失礼行为,如不得已使用,要及时归还,并说明情况和表达谢意。即使他人同意使用对方的物品,要及时归位并且真诚表达谢意。

# 第二节 图书馆礼仪

图书馆是教学科研辅助单位，面向全校甚至更广阔范围的读者使用。图书馆特有的文化氛围和书香特质，使得图书馆成为一种文化的象征，是一种校园标志性的存在。因此，教师在图书馆从着装到言语、到肢体动作都应该表现出符合图书馆氛围的状态。

## 一、图书馆基本礼仪要求

图书馆是师生可以共同使用的公共空间。这个空间是文化传播的场所，是个人文化素养提升的场所。在这里，每个人可以自由徜徉在知识的海洋中，可以思接千载，可以展望未来，这里可以是个人文明进步的起点，也是个人充实心灵的港湾，这里独特的环境需要每个人来共同维护。要维护良好的阅读环境，我们需要做到以下几点要求：

### （一）轻、静

一个"静"字，常作为警示，贴在图书馆的高墙正中，也凝练地归纳了图书馆应遵守的礼仪。保持图书馆内的安静，就要求所有读者做事要轻手轻脚，说话要轻声细语，尽力保持安静。

进入图书馆时走路要轻，入座离座时动作要轻，翻看书刊时动作要轻。不要由于穿硬底皮鞋或者其他鞋子而敲击地面，不要重重地放下书籍。在图书馆要尽量少说话，遇到熟人最好以点头微笑来打招呼；如果确实需要与他人沟通，应简明快捷、附耳低语，较长时间的讨论应到室外。任何人都不应该旁若无人地大声谈笑或者不停地说话，要时刻提醒自己不要打扰到他人。

图书馆礼仪

若是带手机进入，要把手机切换成静音模式；如需要接打电话，要去室外不影响他人的地方。

### (二) 洁、净

在图书馆要注意个人仪表的整洁。图书馆是公共场所,进入图书馆要注意个人整体形象。衣着要整洁干净,大方得体。不可以穿着过于暴露或者过于休闲;更不要穿着吊带、大短裤或拖鞋入内;要保持双手干净,翻书时才不会把书弄脏。

要保持室内环境的干净。阅读时不要乱扔纸屑、随地吐痰、大声咳嗽,更不要随意吃有声响的零食,或者吃带刺激性味道的食物,这些都会影响到他人的阅读学习,更会引起他人侧目。

离馆时,要把书刊放回原处,不能随便放在桌面上。自己的纸笔要带走,废弃的纸张应自觉扔到馆内的垃圾篓或带到馆外扔到垃圾箱内,自觉把桌椅复归到原位。

### (三) 雅、敬

雅指的是行为举止适度得体,敬指的是对人恭敬礼让。进入图书馆前,要自觉排队,不要插队。借还图书时,要注意使用礼貌用语:"您好""请""帮""谢谢"等。如果借还书的人很多,要耐心等待,不可催促工作人员。

在书架查找图书时要轻拿轻放,不是自己需要的书籍,要放归原处,不可随意丢在书架过道中。遇到他人通过书架,要礼让通过,不可堵在书架过道中妨碍他人取书。

图书馆的书刊资料属于公共财产,阅览时应注意爱护。阅读书刊时不要在书刊上随意圈点、涂抹、折页、批注等,更不要把自己需要的资料图片撕挖下来;要保护书刊的完整和洁净,方便他人阅读。图书馆一般都备有复印、照相等业务,若需要可与工作人员联系。

## 二、图书馆其他注意细节

- ▶ 不要为他人抢占座位,不要在座位上躺卧。
- ▶ 不要在座位上摇头晃脑、扭动身体、抖动双腿。举止要适度。
- ▶ 不可以随意脱掉鞋子,防止异味影响他人。
- ▶ 不要大声咳嗽、吐痰和清理鼻子。
- ▶ 不可以使用手机外放声音。
- ▶ 不要与图书馆管理员无休止地闲谈讨论。

## 第三节 会议礼仪

在学校中,教师除了教学工作为主以外,还会参与各种不同类型的会议活动。有以教师发展为中心的会议活动,如教学研讨会议、办公会议、表彰大会等;也有以学生发展为中心的会议活动,如班会活动、家长会活动、开学和毕业典礼活动等。教师参与不同类型的会议活动既可以拓展自己的专业认知,也可以开阔思维,有利于自身的专业化发展,也有利于学生的全面发展。各种不同类型的会议大多是沟通或者交流思想,总结过去的工作经验或者展望未来、拓展思维等。不同的会议活动有不同的礼仪细节要求,但是基本的礼仪规范大体相同。教师作为主要参与者所展现的各项礼仪风貌,时刻影响自身的形象塑造,同时也影响着参会人员的思考、判断、发言、讨论,甚至会影响到学生的发展。所以,教师参与会议活动时要注意各类型活动的基本礼仪规范。

### 一、教师作为主体的会议活动

#### (一)教师作为主办者的礼仪

1. 会议前准备礼仪

教师作为会议的主办者,不管会议规模大小,只要是正规的会议,都需要进行缜密而细致的组织工作。具体而言,会议的组织工作,在其进行前、进行时与进行后又各有不同的要求。凡此种种,均可称为会务礼仪。负责会务工作的教师,要在其具体工作之中遵守常规,讲究礼仪,细致严谨,做好准备。准备工作大体上包括以下四个不同的方面:

(1)会议的筹备

举行任何会议,皆须先确定主题。包括会议名称、会议性质、会议规模、会议时间、会议议程等。通常要组织专门人员明确分工、各司其职、互相配合。

(2)通知的拟发

举行正式会议均应提前向与会者下发会议通知,可以是书面形式的通知、电话通知、邮件通知等。尽可能通知到每位参会者,尤其在会议前一天,需要再次确认。

通知内容要包括会议标题、会议主题、会议日期、出席对象、报到时间、报到地点以及与会要求等要点。拟写通知时,应保证其完整而规范。

(3) 文件的起草

会议上所用的各种文件材料，一般应在会前准备妥当。需要认真准备的会议文件，主要有会议的议程、开幕词、闭幕词、主题报告、大会决议、典型材料、背景介绍等。有的文件应在与会者报到时发到每位参会者手里。

(4) 常规性准备

负责会务工作时，往往有必要针对一些会议所涉及的具体细节问题，做好充分的准备工作。

其一，做好会场的布置。对于会议举行的场地要有所选择，对于会场的桌椅要根据需要做好安排，对于开会时所需的各种音响、照明、投影、摄像、摄影、录音、空调、通风设备和多媒体设备等，应提前进行调试检查。

其二，根据会议的规定，与外界做好沟通。比如向有关新闻部门、公安保卫部门进行通报。

其三，会议用品的采办。一些会议用品，如纸张、本册、笔具、文件夹、姓名卡、座位签以及茶水、声像用具，还需要提前准备好。

2. 会议期间服务礼仪

(1) 例行服务

会议举行期间，一般应安排专人在会场内外负责迎送、引导、陪同与会人员。对与会的贵宾以及老、弱、病、残、孕者等，往往还须重点照顾。对于与会者的正当要求，应积极回应。

(2) 会议签到

为掌握到会人数，严肃会议纪律，凡大型会议或重要会议，通常要求与会者在入场时签名报到。负责此项工作的人员，应及时向会议的负责人进行通报。

(3) 餐饮安排

举行较长时间的会议，一般会为与会者安排会间的工作餐。与此同时，还应为与会者提供饮用水等。如果必要，还应为外来的与会者在住宿、交通方面提供力所能及、符合规定的便利条件。

(4) 现场记录

凡重要的会议，均应进行现场记录，其具体方式有笔记、打印、录入、录音、录像等。可单用某一种，也可交叉使用。负责手写笔记会议记录时，对会议名称、出席人数、时间地点、发言内容、讨论事项、临时动议、表决选举等基本内容要力求做到完整、准确、清晰。

(5) 编写简报

有些重要会议，往往在会议期间要编写会议简报。编写会议简报的基本要求是快、准、简。快，是要求其讲究时效；准，是要求其准确无误；简，则是要求其文字精练。

3. 会议结束礼仪

会议结束后,一般会安排拍照等。对于特殊与会者,要派专人护送离开。这样的会议才算圆满。

**(二) 教师作为参会者的礼仪**

教师参加各种会议,为了保证会议的有效性,要注意参会时的以下几个细节:

(1) 会议参加者应该衣着整洁,仪表大方。要尽可能穿着正装出席会议。不要穿戴奇特服饰(少数民族除外);也不要过分保守或者过分暴露;不可以穿着拖鞋、吊带装等服装入场;不要佩戴奢华饰物;也不要戴帽子,防止阻碍后排人员的视线(特殊情况除外);更不要喷洒浓重香水,以免气味刺激到其他参会人员。

(2) 参会者要准时入场,进出有序。不要因迟到影响他人;也不要太早出现,使得主办方尚未准备好而尴尬。

(3) 参会者要按照会议安排落座。出入座位时动作要轻,要谨慎,不要发出太大的声音或者掉落纸笔、杯子、手机等物件。

(4) 会议开始后应认真听讲。适当做笔记,不要小声说话或交头接耳,更不要忽视会议内容而做其他事情,比如改试卷、核对成绩、批改作业等。

(5) 合理使用手机。参会者应该把手机关掉放在包内或者静音。如万不得已需使用手机,要静音发短信或会后使用;或者小声出去接打电话,不可以在会议现场接打电话,会影响到他人的注意力。

(6) 要保持恰当的坐姿。在座位上不要随意晃动身体,也不要双手抱臂,不要趴着听讲。肢体动作幅度不要太大而影响他人。

**会议礼仪**

(7)参会时不要吃任何食物,更不要在室内抽烟。
(8)发言人发言结束时,应鼓掌致意,不要无动于衷。
(9)会议结束后要按序出场,不要争先恐后、拥挤推搡,遇到特殊情况要礼让。

### (三)教师作为会议主持人的礼仪

主持人是会议进程的推动者、组织者。各种会议的主持人一般由一定职位的人来专门担任,其礼仪规范反映本单位的风貌和影响力,也对会议的圆满成功有着重要的影响。

▶ 主持人应该衣着整洁得体、大方稳重、精神饱满。切忌不修边幅,或者衣服不合身;更不要太另类独特,要符合会议主题。

▶ 保持正确站姿。会议开始后如果是站立主持,要有正确优雅的站姿,要双脚并拢、腰背挺直。

▶ 保持正确的坐姿。若是坐姿主持时,要保持正确的坐姿。要身体正直,双臂自然放于桌面或者手持稿件。不可以随意后仰、侧坐,伸出腿部太长。

▶ 主持过程中不要有多余的肢体动作。如摸头发、甩头、揉鼻子眼睛、开腿站立等。

▶ 主持人应该口齿清楚、思维敏捷、简明扼要,要根据会场的氛围调动会议气氛,或庄重沉稳,或活泼轻快,主持人要对会场上所有的人保持良善的微笑,不要跟个别熟人长时间交谈寒暄而忽略他人,可以在休息期间点头微笑致意。

### (四)教师作为会议发言人的礼仪

会议发言有正式发言和自由发言两种,前者一般是领导报告,后者一般是讨论发言。

▶ 正式发言者应该衣着整齐,走上主席台时步伐要自然、刚劲有力,体现一种自信自强的风度气质。

▶ 发言时应口齿清楚、观点明确、讲究逻辑、简明扼要,不要重复。如果书面发言,要时常抬头扫视一下会场,不能低头读稿、旁若无人。

▶ 发言应讲究顺序和秩序。发言者要注意时间长度,不要长篇大论、滔滔不绝,只顾自己发言,影响他人发言的机会。

▶ 不可以打断他人的发言。不可以对他人的发言指责和评价,要学会尊重每个发言者。

▶ 如果与他人有意见分歧,应以理服人、态度平和,听从主持人的指挥,不能无视他人观点,更不可以强词夺理。

▶ 适度回答提问。如果有参会者对发言人提问,发言者应礼貌回答;对不能准确回答的问题,要礼貌说明理由,不要不懂装懂。

▶ 认真听取意见和建议。对其他人的批评和意见,应认真听取并且善于反省,即使提问者的批评建议是错误的,也不应该太过于计较。

▶ 发言完毕,应对听众的倾听表示谢意。

## 二、教师为主导者的班会活动礼仪

学校的各种活动总是丰富多彩。各种活动举行的目的是丰富师生的校园生活,促进形成良好的师生关系。教师作为学校教育教学的主导者,会引领学生开展不同的活动,其中对学生的成长发展有积极影响的是师生间共同开展的班级活动。班级活动中尤其以班会活动为中心。班会活动是指根据学校教育计划,针对学生的实际情况提出一个主题,全班参与并围绕这个主题进行的积极教育活动。班会活动有教师为主导的班会活动,也有以学生为主导的班会活动。我们这里只分析以教师为主导的班会活动礼仪。

### (一)班会活动的类型

根据学校教育实际情况分析,班会活动可分为三大类:主题教育活动、事务性班会(例行性班会)和活动类主题班会。

1. 主题教育活动

主题教育活动也称为主题班会,是学校会议的最小单位。一般是由班主任主持,学生协助开展。主题活动有如下特点:一是目的性强。即有明确的教育主题与任务主题,活动内容和展开必须服从这个主题。二是计划性强。需要有充分准备,有完整的活动方案。三是结构完整。需要有一节课或一个单元时间。主题活动往往令人难以忘怀,教育效果明显,但需要花费班主任和学生大量时间,对师生素质和班级气氛都有很高要求。主题活动又分为许多类型,如品德与行为规范类、爱国主义教育类、社会实践类、班集体培养类、学生身心成长类、学习与考试指导类、交往与沟通类、安全教育、纪念日节日类,等等,都可以作为班会的主题。

2. 事务性班会

事务性班会也叫例行班会,主要由教师主导,在开学初、期中、期末时间段进行常规班级事务的检查监督,主要包括制定或者修订班级公约、班级工作计划、其他各项规章制度,对考试情况进行分析等。主要目的是规范班级,确立班级的常规模式,形成班级的正确舆论导向,培养良好的班风学风。

例行班会的特点:一是依制度办事。按照班级制定好的规则行事,如开班会时间、如何处理问题、怎样奖惩等。有班级公约和规章制度的规定,班级活动都具有程序,任何人都要服从这种程序。二是要有民主性。班级的民主管理主要是通过例行班会实施,没有这种班会就没有民主管理,没有学生的自我教育。这种班会对于提高学生民主意识有着十分重要的意义,师生间按照民主的原则讨论问题和解决问题。

3. 活动类主题班会

除了主题教育活动、例行班会以外,还会有许多其他活动。如以班级为单位的长跑、出班级日报、联欢会、春游秋游、班级游戏、知识竞赛、诗歌朗诵等等,这些班会活动通常是在班主任指导下由全班同学参与的活动。这些活动既丰富了班级文化和精神生活,又增强了班集体的凝聚力,也促进了学生全面发展。但它在形式、内容等方面又与主题班会教育有很大差别,因此有必要区分开来。主题班会活动侧重于学生的思想道德和世界观、人生观的教育,活动类主题班会以学生的兴趣和主体发展的需要而组织开展。两者都是教育必不可少的手段,但是侧重不同。教师要在不同的班会活动中采用不同的教育方式。这既是教育的需要,也是个人素养的体现。

(二) 班会活动礼仪要求

1. 服装要得体

教师要根据不同班会活动选择不同的服饰。服饰要整洁大方,符合情境。班会活动性质和内容不同,教师着装风格要有变化。这是服饰礼仪的基本要求,也是美育的潜在力量。如开例行性班会时,教师可以是日常着装,不必穿着过于保守正统,以免学生会猜测或者紧张;开活动类班会时,教师可以是休闲类、运动类服饰,而不要太过于正装;若是主题教育班会,教师的着装要符合主题,依据主题而定。

2. 表情要适度

不管是什么类型的班会活动,教师要控制情绪,表情适度。除去因为教导而开的班会,要保持一定的严肃面孔以外,其他班会活动要保持微笑,保持温暖,保持善意的眼神。爱从微笑中体现,从眼神中渗透。教师的表情是学生的晴雨表,要学会适度地控制表情,要营造安心的活动氛围,而不是紧张焦虑的氛围。这是教师职业特殊性的要求,也是个人素养的直接体现。

3. 语言要温暖

教师在班会活动中的所有语言,是有穿透力的,是可以影响到学生的精神世界的。所以,教师选择语言的时候,要谨慎用词,要表达清晰,体现善意。不管哪种班会活动,都要以学生的健康成长为最终目的。要解决问题,不要用激烈的词语表达情绪,给学生贴标签,或者出口伤人。教师的语言就好比利剑,用好了可以建造精

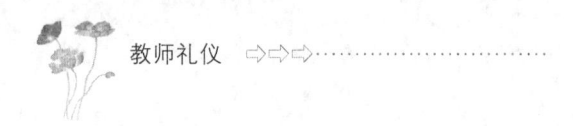

神高楼,用错了会毁掉希望、信心和自尊。

4. 不歧视的原则

这个原则适用于所有的班级活动。即使成绩较落后的学生,行为有过错的学生,在参加班会活动时也需要被尊重、理解和包容。不能因为学生的某种失误和常人的偏见,歧视或者忽视这些学生。说到底,班会活动的最终主体还是学生,教师只是引导者和帮助者而已。不能因为教师的偏见而对学生造成不可预知的伤害。不歧视意味着教师的语言要得体,动作要恰当,眼神要柔和,要微笑面对所有人。即使批评学生,也要把育人的目的放在心中,要体现善和爱。教师的种种细节就体现出深层次的教育理念,这也与个人素养有关。

5. 情绪要控制

人的表情动作和言语的背后,体现着深层次的心理因素。表情平静、喜悦、开心等意味着情绪平稳正常;而表情呆板、严肃、生气甚至愤怒,表明情绪不良。教师的表情时刻影响着学生的心理感受,也会给学生带来困惑。身为师者,要时刻谨记调整情绪,当走入班级时,你不是你自己,而是教师,是成年人,是未成年人的引路人。即使生活中有太多不良情绪的积压,也要在面对学生时,把美好和良善体现出来,尤其是表情的体现。学会控制和调节情绪是教师的基本素养之一,也是作为师者的礼仪示范之一。

(三)班会活动礼仪禁忌

▶ 教师开班会不要大发脾气,指责学生,更不要侮辱和歧视任何学生。要就事论事,不要进行人身攻击和贴标签行为。

▶ 教师不要迟到早退。要按时参与班会活动(特殊情况除外)。

▶ 男教师不要在班会上抽烟。

▶ 男教师不要穿拖鞋和背心出现在会场,女教师不要穿着过于紧身短小的服饰,或者佩戴过于晃眼的饰品。

▶ 教师发言不要成为一言堂。要允许学生发表意见和建议,要发扬民主精神。

## 三、教师作为主持者的家长会礼仪

家长会是家校合作的重要形式之一。家长会指的是学校或者班级面向全体在校学生的家长发出邀请的一种集会。这种集会往往以班级为单位,针对一项或多项主题,以教师讲述和传达为主,以家长提问为辅的形式开展。一般来说,家长会的主题往往是学校和班级重大事项的沟通和发布,如学生的升学毕业考试主题、学生期中期末学业通报主题、班级或学校其他重大事件主题等。其主要目的是及时有效地向家长通报并沟通，以获得家长的理解和支持，最终是为了学生的全面发展。

### （一）家长会类型

根据教育教学实践情况划分，家长会主要有两种形式。

第一种是发布会形式的家长会。发布会形式针对一项或多项主题，由教师讲述和传达为主，以家长提问为辅，往往是班级或者学校的重大事项宣布或学生面临升学考试情况的宣布，其目的是及时准确地向家长通报学校和学生的情况。

第二种是会演慰问形式的家长会。通常由教师组织学生表演或展示学生的各类作品，以家长观赏和鉴赏为主要形式的集会。这种形式能有效增加师生和家长之间的情感交流与互动，一般时间安排在学期末或重要节假日前后进行。一般幼儿园和小学阶段会采用这种形式。

此外，家长会还有其他形式，如家长发言为主的家长会，学生向家长汇报为主的家长会，或者综合的家长会等。我们这里着重关注以教师为主的发布会形式家长会。这是教育教学实践中最常见的家长会形式，也是最能体现教师礼仪风貌的会议形式。

### （二）家长会礼仪原则

**1. 保护隐私原则**

教师召开家长会是为了更好地家校合作，共同为培养全面发展的学生服务，也是为了更好地彼此沟通交流，探讨更适合学生发展的教育方案。基于此目的，教师开家长会时要慎重发言，要保护学生的隐私。教师面对的是全体学生家长，请不要在其他家长面前，单独提起某位同学的种种纰漏。如某同学学习成绩排列倒数第几，某同学经常不交作业，某同学喜欢偷拿别人东西等。不管是学业成绩还是个性表现，都要慎重提点，不要直接披露。直接指出会导致该学生家长心理不适或者是自尊受损，也会引起其他家长的侧目和关注。这样的行为最终达不到真正沟通交流的目的，甚至会导致家长与教师的对抗，也可能会导致亲子关系的恶化。教育的目的是育人，家长会也是为了更好地合作育人，请注意开会时的表达内容和表达方式。

**2. 不歧视原则**

家长会的召开，是家长更好地了解学校的途径之一，也是了解自己孩子学业的方式之一。良好的家长会能让家长和教师站在统一战线，达成共识，共同为学生的发展出谋划策,有利于教育教学。但是,不恰当的家长会易导致家长的误解和不满,其中一条就是教师对学生的歧视态度。家长会由教师主持并传达各种信息,其中会涉及学生的学业成绩,如果教师在表达成绩时表现出不满的态度和表情,甚至直接体现为歧视的态度,那么受到提名的学生家长自然会不满或者伤感。人人都需要尊重和被尊重,倘若因为成绩而对一个学生表示出歧视的态度,那么家长会的美好目的就已经消失不见。这样的家长会在很大程度上会导致师生间、亲子间关系的恶化。

3. 不告状原则

有些教师把家长会当成是"诉苦"大会。在全体家长面前,喜欢表明自己的辛苦和不易,也喜欢指出某些学生不良的表现,甚至会直接点名指责,这样的家长会全然失去了价值和意义。家长会不是告状会,家长会是良好家校关系的结合点,是学生全面健康发展的推动点,所以教师的言语要三思,有些话题可以私下里与家长单独交流,不必在会上直接点名。家长也要面子,也会觉得不好意思,教师要真正尊重他人,就要时刻注意他人的心理状态和情绪变化。

(三)家长会礼仪细则

▶ 教师主持的家长会要提前做好准备。提前告知家长会的主题、时间节点、地点、停车区域等细节。方便家长做好出席准备。

▶ 家长会要按照预定时间开始和结束,以免耽误家长的时间。

▶ 教师表达主题要语言清晰、明确。不要含糊其词或者偏离主题。

▶ 教师要穿着比较正式的服饰。正式和较正式的服饰体现的是对家长的尊重,也是对自己职业的尊重。

▶ 教师可以适度化妆,但是不可以浓妆艳抹,这会与教师身份不符。

▶ 饰品也要以少为精,最好三件以内。其中饰品包括耳环、项链、手镯、手表、装饰性眼镜、丝巾等。

▶ 家长会期间,如有需要,应该为每位家长提供会议主题材料。

▶ 开会期间要允许家长就主题而提问或者建议,尽量照顾到所有家长。

▶ 开会时家长的座位要以学生的座位为主,也可以按照圆形方式排列座位,不要按照学生成绩排座位。

▶ 教师要使用礼貌用语,对家长要以礼相待,体现平等和尊重。不要使用俗语或者语意不当的词汇。对于学生家长,可以称呼小孩姓名加亲属称呼,如张小雨妈妈、刘小明爸爸等,也可以以对方姓氏加"先生、女士"来称呼,如张先生、李女士等。不可以因为学生的学业成绩而区别对待学生家长,甚至语言粗鲁,没有礼貌。

▶ 教师要表达对学生的良好期望并提出改进策略,激发家长共同努力的信心和激情,而不是打击家长。

▶ 家长会结束时,与所有家长尽量达成一致意见,提出进一步提高教育教学的计划和方案。会后也可以单独与个别家长沟通,提出更有深度的教育计划,但是要事先征求家长的同意,以免耽误家长的个人时间。

### (四) 家长会礼仪禁忌

▶ 不可以冷漠对待学生家长,更不可以无端指责任何家长或者批评家长。

▶ 不可以当众揭露个别学生的学业和品行问题。

▶ 不可以要求家长提供教师个人使用的资源。如果是为全体学生考虑,可以请求帮助。

▶ 不可以按照职业、身份、地位来评价和对待家长。

▶ 不可以收受家长的财物馈赠。

#### 国外学校是怎样开家长会的[①]

**导读**

家长会是老师和家长联系的纽带,也是家校合力教育孩子的重要方式,世界各国莫不如此。但是对许多中国孩子甚至家长来说,开家长会可能不是一个好消息。因为在孩子们的印象里,家长会的主要内容就是教师向家长通报孩子的成绩,揭孩子的短儿,甚至有些家长也会遭到教师的严厉批评。于是有人如此调侃家长会:"让家长高兴地去,愤怒地回""老师间接揍人的武器""成绩发布会""揭短会"……但是在国外,学校开家长会却是另一番情形。

---

① http://mp.weixin.qq.com/s/F9OcbwL-7VL7X1Cq4hk66Q,2017-05-09.

**美国:家长会由学生主讲**

美国中小学的家长会一般集中在期中考试后的某一天,学校全部停课。学校会提前1个月给家长寄去一封预约信,提供不同的时间段让家长挑选并预约。家长可以选择这一天中的某个时间段(半个小时),按预约时间到校,与孩子的主要任课老师见面,但家长会全部由学生"主讲"。这一天,教室的摆设与以往不同,改成十张铺着桌布的方桌,桌上放着台灯和一小盘糖果。老师引导各个家庭围着一张方桌坐,大家轻声讲话,互不干扰。接下来,就由学生向家长汇报自己的学习情况。

为了开好家长会,老师会事先帮学生彩排。由于学生介绍的时间只有20分钟,而要讲的内容涉及数学、英语阅读、科学等学科,不仅要讲学得如何,还要解释为何学得好或者为何学不好,所以老师会帮学生列个目录,根据目录提示分别把各科的考卷和作业向家长展示。介绍完毕后,家长会看到孩子的成绩单和在校表现评价表,家长有任何疑问都可以直接与孩子的主要任课老师交谈。由于美国学校班级规模比较小,老师对学生的情况也比较了解,且美国老师对孩子多以表扬鼓励为主,对孩子的点滴进步都给予充分肯定。家长对老师提出的要求、建议,学校也会及时考虑采纳。

家长会的最后一个环节就是学生和家长共同制定下一步目标。

**英国:家长依次与老师单独交流**

英国家长会一学期(一般两个月)一次,一个年级一天,各班分别进行。英国的家长会都是一对一进行,老师和家长直接沟通,但时间有限,一般10～15分钟。家长提前在预约表上填好时间段,然后依次和老师单独交流。

在英国,一个班大约30位学生,家长会从8:50开到15:10,这样做的结果是老师辛苦、家长轻松。老师事先会将每个孩子的情况做一个书面准备,这份长达3页的学年报告,记录的不是学生的分数等级,而是学生在不同学科中的参与情况、学习态度及能力等,最后是老师据此得出的评语和孩子的自我评价。在这个框框下,家长和老师谈起来比较容易,不可能闲聊,与家长闲聊也是老师忌讳的。另外,老师对学生的评价是以夸为主,让家长感到老师将孩子"装"在心里。孩子身上的缺点,则被老师隐藏在"需要改进"的表格栏中。

**德国:一起探讨孩子的兴趣爱好**

德国的学校一般都会在新学期召开家长会,德国的家长会实际上是家长、教师和学生交流感情的会议。开会时没有人做报告,也没有人谈论考试或成绩等话题,更没有人把学生的成绩互相比较。他们认为,孩子们不存在好和差的区别,只是每个学生有不同的兴趣特长而已。教师和家长的责任,就是要细心地发现和培养孩子们的潜质和特长。教师、家长、学生一起探讨学生的兴趣爱好,以及学生长大后愿意和适合做什么样的工作,这就是家长会的主题。

家长会上还会讲到新学期的课程安排,还有家长委员会的选举。选举过程中,老师不会有任何干涉,完全让家长们自己协调安排。一般家长委员会选举结束后,老师们才正式出来,轮流解释自己负责的那部分内容。家长会每年都安排一次出游,可以远至西班牙,也可以近到黑森州。这样的家长会,气氛是非常轻松活跃的。

**法国:家长会权力惊人**

法国的小学家长会如直销网络,从学校、小区、省市一直到全国家长联合会,机构非常健全,也有一定的权力。全国家长联合会的家长代表可与教育部长讨论预算、教师名额、代课制度、保险医疗等教育政策。如果家长会够强势的话,甚至可以推动教改。每学期开学,家长会的成员向新来的家长解释家长协会的功能,然后邀请每个家长入会。入会要交16欧元的年费,除了可以参选代表外,每个月还可以收到全国家长联合会的通讯。

**新西兰:校长一般不露面**

在新西兰,家长会和中国很不一样。首先,校长一般不露面。其次,不开年级大会也不开班级会议。家长会就在学校的会堂开,里面划分为一个个的专柜,各科老师各占一个。

学生在这之前与自己的各个任课老师预约时间,然后家长按着预约表逐个会见老师。每次会面时间约为5分钟,内容简单扼要、一针见血,主要是汇报孩子情况,该表扬的表扬,该批评的批评,最后都不忘对家长说"以后请和校方保持联络"。当与预约表上的老师会见完毕后,家长就可以离开了。

## 第四节 其他校园场景礼仪

除了正式场合需要重视礼仪细节外,其他校园公共场所言行举止也需要注意礼仪细节。

### 一、楼梯、电梯礼仪

**(一)楼梯礼仪**

现代校园大多是楼房建筑,教师和学生都生活在其中。那么,平时常见的上下楼动作,需要注意哪些礼仪细节呢?

(1)女士优先原则。如果男女教师一同上楼,要请女士走前面。若是女士穿

裙装，则男士走前面。

（2）尊者优先原则。一同上楼时，年长者可以走在前面，年轻者走在后面，以示尊重礼貌。若是引导客人上楼，让客人走安全一侧，而引导人员则走在客人的前侧方两步的距离，要侧身对客人，不可臀部对人，方便引导客人前进方向和帮扶客人。

（3）保护原则。下楼时，男士要走在前面，女士走在后面；年轻者走在前面，长者走在后面。引导客人下楼时，引导者走前面指路。

（4）右行原则。上下楼梯尽量靠右单行，不要多人并排行走。左边是留给紧急情况的通道。

（5）不妨碍他人原则。上下楼梯要快速通过。不可在楼梯上多停留，尽量不要在楼梯上玩手机，避免妨碍他人通过。

（6）不要在楼梯上与熟人长时间闲聊或者占据楼梯训导学生。

（7）上下楼梯时，不要拥挤，要保持与前后人员的适当距离，以防碰撞。

（8）雨天携带雨具上楼时，请收好雨具，避免淋湿他人衣物。

## （二）电梯礼仪

校园电梯也是公共场所，也需要注意各种礼仪细节。

### 1. 进电梯细节

人数较少的时候，男士女士同时进入电梯，男士应该先按开门键，请女士先进。

若是有长辈或者领导，请长辈和领导先进；年轻人或者晚辈、下属后进入。如有引导员带路，引导员要先按开门键，请客人先进入。

人数较多的时候，引导人员可以先进入电梯，一直按着开门键，以方便其他人安全进入。直到所有人员安全进入，自己在最外侧面门站立。

### 2. 进入电梯后细节

（1）进入电梯后每人会依次按下楼层按钮。若有人离得远，可善意询问他人，帮忙按楼层。若是有引导员，可以帮助客人或长辈按下楼层按钮。

（2）进入电梯后不要直接按关门键。要等电梯自动运行，防止其他人来不及进入。若看到他人快步前来想要搭乘电梯，要帮忙按住开门键，匆忙而快速地关门是冷漠和自私的表现。

（3）进入电梯后有序站立。先进入的靠里面，后进入的靠外面，不可以拥挤过度。引导人员带路时，让客人、长辈、领导靠里面站，而引导员自动站在按钮键旁边，方便开关门引导他人。

（4）若进入电梯时携带超常规物品，比如大型物品等，可以说声抱歉，并且尽量不要碰触到他人。

（5）保持电梯内环境卫生。电梯空间狭小，请不要吃有味道的食物或者在里面抽烟，这会严重影响他人的情绪和健康。不要随意丢弃垃圾，有杂物可以带出电梯，扔到垃圾桶。

（6）电梯内可视状况决定是否寒暄。若全部是熟人，可略做简单寒暄问候。若有外人或其他人员，则不必寒暄，点头微笑致意就可以。不可以大声谈笑，不要做夸张的肢体动作，不可以闲谈个人隐私。

（7）即使电梯内没有他人，也要注意自己的站姿。不可以随意倚靠或者席地而坐，更不可以因无聊而随意按楼层按钮。也不要随意整理服饰、化妆。

3. 出电梯细节

到达目的楼层后，按照由外到内的顺序依次出电梯，不要拥挤跨越。靠近按钮的人员可以按住开门按钮，方便他人安全出去，这是礼让他人的行为。当然最早出去的人员，也可以按下外面开门键，方便他人安全出来，防止夹住他人发生意外。

若是引导员，可以先出电梯，一手在外按住开门键，另一手并做出请出的动作，方便长辈、领导、客人有序且安全出来。

**安全小提示**：不管是进还是出电梯，都不要使劲扒开门，或者拍踢门，防止意外发生。

4. 电梯使用禁忌

▶ 不要站在电梯门口，妨碍他人进出。

▶ 不要插队，甚至冲撞他人进出电梯。

▶ 不要不等待他人而快速关闭电梯门。

▶ 不要旁若无人地整理妆容。

▶ 不要大声喧哗，手舞足蹈。

▶ 不要大声接打电话。

▶ 不要吸烟和使用浓重香水。

## 二、校园道路使用礼仪

校园道路也是校园的公共场所。公共道路上的各种行为举止，会从侧面反映校园文化和师生素质。作为教师，在校园道路上要以身示范，利用潜在影响，塑造良好的校园文化。在校园道路上，需要注意哪些礼仪规范呢？

### （一）行走礼仪

▶ 教师在校园中行走，要注意步伐稳健，意气风发。不要弓腰塌背，左顾右盼,要形成积极向上的示范印象。

▶ 行走时要注意与他人保持一定距离,不要前后距离太近,容易侵犯他人的心理距离。

▶ 行走时不要与熟人勾肩搭背,有损教师形象。

▶ 不要在公共道路中间站立、使用手机或者长时间与熟人聊天。这会妨碍他人通行。

▶ 在道路上要靠右行走。

▶ 保持道路环境卫生,不可以随意扔垃圾。看到路面垃圾,可以捡起扔到垃圾箱,如纸张、饮料瓶等,这也是良好示范作用的体现。

## (二) 骑车礼仪

▶ 校园中骑自行车或者电动车,要注意减速,不要超速,以免碰撞学生。

▶ 车辆停靠在学校指定位置,不要影响他人通行或者学生停放车辆。

▶ 不要学生上课期间按响铃铛或喇叭。

## (三) 轿车礼仪

▶ 教师在校园开车时要减速慢行,避让学生,要注意维护学生安全。

▶ 教师车辆要根据校园指定位置行驶和停放,不要随意占用主体道路或者任意停放。

▶ 教师开车时不要鸣响喇叭,以免干扰其他师生上课。

**轿车停放礼仪**

### 思考与讨论

1. 校园场景礼仪的总体原则是什么?
2. 开家长会时教师需要注意哪些方面?
3. 你的父母愿意参加家长会吗?参加完家长会后,父母经常对你说些或做些什么?态度怎么样?

# 主要参考文献

[1] 李兴国,田亚丽.教师礼仪[M].上海:华东师范大学出版社,2006.
[2] 刘维俭,王传金.现代教师礼仪教程[M].南京:南京师范大学出版社,2006.
[3] 刘霄.教师礼仪实务[M].北京:北京大学出版社,2015.
[4] 杜凤岗.教师礼仪[M].上海:华东师范大学出版社,2015.
[5] 林耀华.原始社会史[M].北京:中华书局,1984.
[6] 李泽厚.中国古代思想史论[M].北京:人民出版社,1986.
[7] 杨天宇.礼记译注[M].上海:上海古籍出版社,2005.
[8] 彭林.中国古代礼仪文明[M].北京:中华书局,2004.
[9] 王静.识对体型穿对衣[M].广西:漓江出版社,2011.
[10] 王静.选对色彩穿对衣[M].广西:漓江出版社,2011.
[11] 刘维俭,王传金.现代教师礼仪教程[M].南京:南京师范大学出版社,2006.
[12] 顾希佳.关于礼仪起源几种成说的辨析[J].唐都学刊,2001(2).
[13] 张健.浅析礼仪的起源与发展[J].云南社会主义学院学报,2012(5).
[14] 谢作.中国古代礼法关系的演进[J].燕山大学学报,2003(2).
[15] 曹建敦,郭江珍.近代以来礼制起源研究的回顾与展望[J].平顶山学院学报,2005(12).